"改變思想頻率，就能吸引到你所想要的"

好事，總發生在自認好運的人身上

（原書名：所以，你也要發正念）

暢銷心靈作家
何權峰 著

高寶書版集團

改版序

你能替你自己製造好運

好事，總發生在自認好運的人身上。

我喜歡這書名，因為它很清楚，且一針見血。更重要的是它可以幫助大家了解本書的概念。

如果你像其他大多數的人一樣，你大概從來不知道好運是被「引起」的。既然它是被「引起」的，任何人都可以探究，並主宰這個因果的過程，而替自己帶來好運。

對，沒錯。你能替你自己製造好運。

我可以想像得出來，你對我所說的話而產生的反應：「真的還假的？」

答案是：你認為是真的，就是真的。

就像問世上有沒有鬼一樣，既是「有」，也是「沒有」。所以有，是因為信則有；所以沒有，是因為不信則沒有。很多人到處求神問卜，說某家廟很靈驗，哪個神明很厲害，可是有人卻覺得不靈，為什麼？因為「信則靈」。

人們常爭論到底人性本善或本惡，其實兩者皆是。當我們相信人性本善，自然會吸引並創造符合我們期待的人與境遇。

如果妳認為：「天下沒有一個男人是好東西。」那些被妳引來的男人，往往都是不會疼惜妳，或是欺騙妳、讓妳受盡委屈。

好運語錄

如果你不在你的花園種花，
你就永遠在拔草。

了解思想的運作非常重要。當我們積極渴望一件事物時，它就會真的發生；相反的，即使你不希望發生，但卻還是經常意識到或想起那件事時，最後它還是會發生。也就是說，無論正念或負念，只要一直想著那件事，念波將會產生「共鳴共振」，讓那件事發生。

有人擔心事情的發展事與願違、抱怨最近很倒楣，就陸續遇到倒楣的事。這種境遇也並非本來就是如此，而是我們思想吸引來的。沒有一件在你生命中發生的事，不是以一個想法開始。

你那麼多年來渴望生活中發生奇蹟卻沒有發生，其原因我猜可能是在你內心深處，你覺得自己不配得到，或者你根本不相信它會發生。因此，它就不可能實現。

本書出版以來，一直有讀者寫信給我，最常見的是感謝我和他們分享的訊息，有些則想把它分享給老愛負面思考的親友和孩子。

我由衷感激，但也希望大家瞭解的是，本書只是提供概念，真正有效，是你如何善用其中的信息——透過改變思想頻率，吸引到你所想要的。

轉念，才會轉運！

開心，才能開運！

好心，才有好運！

本書重新改版，希望能為你改運。

目錄

附錄

前言

這是一份禮物

你會把這本書拿在手上，那是「有原因」的。也許當下你還不明白，但當你從書中瞭解了究竟，你就會明白。

這本書是一份禮物，是某種恩典的力量所給予的禮物。對我來說，這本書不但大大的擴展了我的創作視野，同時也淨化了我的思想與意念。在這段時間裡，每天、每夜，醒來的每一分、每一秒，腦裡想的、嘴裡說的、手裡寫的都是同一個題材——正念。

所以當我每天邊寫邊讀，一邊就反省自己、反思生命。這讓我領悟到許多深層的生命法則，也從中看到生命種種的可能，我希望把這份禮物傳送給你，就像別人傳給我一樣。我邀請你一起分享「善」的訊息，就當作你送給自己的禮物。

如果這份禮物是由別人傳送給你，那恭喜你，表示有人接收到你的念波，感應到你的需求，表示有人關心你、在乎你，他真心希望你好……

這本書會拿在你的手上，是因為時候到了。

01 意外都不是意外

你敲響一支音叉，
於是所有波長相同的音叉都會共鳴起來；
你發出一個思想波，
於是所有跟你念頭波長相同的人事物都會找上你。
就是這樣，關鍵就在我們自己。
你轉到什麼頻道，就會看到或聽到什麼節目；
當世界上多數的人都發出負向振波，
這個世界當然會天災、人禍層出不窮。

幾天前，我在急診時處理一件離奇的車禍。事情是這樣，重傷的這位太太原本已經開車到家，因接到先生的電話，說下班後有幾個朋友要到家裡用餐，所以又匆忙繞出去買菜，沒想到就在她開車的途中，有個人騎機車突然從巷口衝出來，為了閃避，車子甩到了旁邊的車道，巧的是這個車道正在施工，剛挖好一個大洞，她的車子就這樣不偏不倚的衝進洞裡，而機車的騎士也因緊急煞車摔倒在地。

事後才得知，那個機車的騎士竟是先生的朋友，他正趕著去接孩子下課，因為晚上有一個聚會，聚餐的地點正是那位太太的家。

這個事件聽起來，實在是巧合中的巧合，是不是？如果他們沒有臨時決定聚餐，或是他們到外面去聚餐，這事情不就不會發生？假如這位太太早幾分鐘，或晚幾分鐘經過那個巷口；或是沒接到先生的電話，不就沒事？再來就是，如果不是正好道路在施工，車子衝進洞裡，她也不會傷得那麼重，對嗎？

每當意外發生，大家都會說：「如果他沒接到那通電話，就不會出事。」、「如果他不是搭那班飛機，他就不會死。」、「如果他不出門，也不會發生這樣的意外！」好像我們只要每天窩在家裡，就不會發生任何事一樣，是這樣嗎？當然不是，在家裡發生的意外其實並不比外頭少。我告訴大家，如果一個人該倒楣的時候，不管你是在飛機上，在家裡看電視或是躺在床上睡覺，都會倒楣。

倒果為因

人們常以為災難是突如其來，卻很少去思考其中的因果。你「遇上」災難，所以說你很倒楣，還是因為你覺得自己很倒楣，所以才「遇上」災難，這問題你想過嗎？前一種情況，你成了災難的「受害者」，後一種情況，你則是災難的「創造者」。

你相不相信，大多數的災難都是我們自己創造的。是的，災難是你自己把它引來的。「這怎麼可能？我怎麼可能去引來我不想要的事？災難怎麼可能是我創造的？」會懷疑是正常的。因為一般人的習慣和理解意外事故是來自「外界」的，怎麼說是來自我們自己呢？你當然會懷疑。

人們習慣把「外在」發生的事情解釋成「原因」，這種作法可以規避自己的責任，「既然原因又不是我，我有什麼辦法呢？」感冒生病，病菌是從「外面」進入，我能怎麼辦呢？車禍意外，是那輛車子突然衝出來，我能怎麼辦呢？這些解釋聽來似乎合理，但卻不正確。當我們照鏡子時，鏡中的影像好像是從「外面」看我們，但鏡中的影像並不是我們長相的「原因」，是不是？你總不會要鏡子為你的長相負責吧！

構成一幅圖畫需要畫布與顏料，但畫布與顏料都不是形成圖畫的原因，原因在於畫家在腦中先有那幅畫，了解嗎？如果不管圖畫內容，卻說形成圖畫的真正原因在於顏料、畫筆和畫布，那就本末倒置了。

共振律

我們才是真正的原因，外在世界只是我們內心世界的縮影；只是一面鏡子。接下來，我想用物理的共振律來解說，大家應該就比較容易了解。

宇宙萬物皆有其固定的頻率波長來振動，從肉眼看不到的分子、原子、電子、質子、中子、核子與夸克（粒子），到石頭、桌椅，太陽、地球、月球，人體……都有固定的波動。而當外界傳入的振動頻率恰等於物體的自然振動頻率，就能引發共振（Sympathetic Vibration）。

舉例來說：假如大房子裡有兩部鋼琴，你在其中一部鋼琴上彈個C音，然後走到另一端的另一部鋼琴前，你會發現，這兩部琴的C弦都在振動，頻率和先前那部的C弦相同，這即是聲音的「共振」現象。

人的左右手，因波長頻率相同，所以當兩手的手掌相向，並互相慢慢靠近到小距離而不接觸時，手掌心皆會有溫熱的感覺，這也是共振的結果。

宗教儀式的祈禱，雙手合掌；或者是人們互相握手，也會因雙手的波長頻率相同而發生共振。復健科的水療、人們喜歡做SPA、泡溫泉而覺得全身舒暢。這也是因為身體內百分之七十的水份與身體外的水的波長頻率相同，而產生共振的結果。

雙方共創的結果

共振又稱為共鳴。大家應該知道音叉實驗吧，音叉是一種敲打U字形金屬使其發聲的器具，通常用於樂器或合音的調音。同樣的周波數會產生同樣的共鳴。如果敲響一支音叉，儘管滿屋子都是音高各個不同的音叉，卻只有那些校訂在相同頻率的音叉會發出「嗡」的聲音，這就是共振共鳴。

人們常說：臭味相投，物以類聚。相同波長的人會互相吸引而成為摯友，頻道不同的人，即使距離再近，也沒有「共鳴」，說的就是這個道理。為什麼你跟某些人很合得來，跟某些人卻合不來？原因就出在共振共鳴。你有沒有發覺，當你愛某個人的時候，恰巧他也愛你；當你對某個人不滿的時候，恰巧他也對你不滿；當你覺得自己很倒楣的時候，恰巧就遇上倒楣的人和事。

這是巧合嗎？不，這都是共振共鳴。就拿前面的那場車禍來說，表面上看起來那似乎是個意外，是個巧合，但它真的是一場意外或巧合嗎？不，那場車禍跟其他任何車禍、意外或是災難一樣，都是共振共鳴。那位太太和先生朋友所遇到的災難，其實是雙方共創的結果（cocreation）。

我推敲，那位受傷的太太和先生朋友可能並不想聚餐，他們很可能都是迫於無奈，兩個都發出「同頻率」的波，所以會在同一個時間點遇上。我們送出什麼振波，就收回什麼振波。任何跟我們同頻率的振波都會產生共振共鳴，都會引到我們身上。

說到這裡，現在你知道為什麼有些人會遇到某些事，而你卻不會？又為什麼有些事會發生在你身上，而別人卻沒事？為什麼同一場意外，一個死了，一個卻毫髮未傷？為什麼颱風會捲走這棟房子，而隔壁的房子卻相安無事？有些事為什麼偏偏是你？明白了吧！

福星與掃把星

這就像你打開收音機，你轉到哪一台就收到哪一台節目。當你調整收音機的旋鈕到特定電台時，其實你是在調整收音機的頻率，使它內部電流的振動頻率和該電台發射的無線電波頻率一致，因為這樣它們才能共振共鳴。雖然不同電台發射的電波充斥著整個空間，但因為大家所使用的頻率不同，所以接收到的也就不同。

你是否覺得納悶，為什麼有些人總是好運連連，有些人卻禍不單行？有人總是福星高照，有人卻老是遇到掃把星，為什麼？

沒錯，原因還是共振共鳴。當我們覺得神清氣爽、充滿喜悅與感激的時候，我們的思想和情緒就會發出好的波，而好的振波又會吸引「相同頻率」的人事物，結果自然好事連連；反之，當我們死氣沉沉、充滿怨懟與煩憂的時候，我們的思想和情緒就會發出壞的波，而壞的振波又會吸引更多壞的人事物，結果也就禍不單行。

你會遇到什麼樣的人或是什麼樣的事，那都要看哪一個的振波最強。如果你覺得自己很倒楣，你其實已經發出倒楣的振波出去，去吸引各種倒楣的人和事，接連會遇到許多倒楣事也就不足為奇，而當你更確信自己真的夠倒楣時，那個更倒楣的事其實已經向你逼近。倒楣的程度從小到扭傷了腳，或大到摔斷了腿，都看你發出振波的強度。

事情會發生的原因

我說過，你只能接收到與你共振的東西。如果事故涉及了不只兩個人，那就是眾人振波所創造出來的結果。無論是天災或是人禍，無論是病痛或是意外，都是我們自己長期以來，所有思、言、行所帶來的；不管我們遇到的是什麼樣的人、事、物，都是共鳴共振所帶來的結果。

你敲響一支音叉，於是所有波長相同的音叉都會共鳴起來；你發出一個思想波，於是所有跟你念頭波長相同的人事物都會找上你。就是這樣，關鍵就在我們自己。你轉到什麼頻道，就會看到或聽到什麼節目；當世界上多數的人都發出負向振波，這個世界當然會天災、人禍層出不窮。

事情會發生，不是偶然或巧合，也不是意外。車禍不是意外、天災不是意外、生病不是意外、遇上貴人不是意外、贏得彩券不是意外、所有的意外都不是意外。這一切之所以會發生，都是我們發出的振波，把它們吸引過來。除非你改變你的振波。

好運語錄

構成一幅圖畫需要畫布與顏料，但畫布與顏料都不是形成圖畫的原因，原因在於畫家在腦中先有那幅畫。

02 這都是你發出的波

你曾聽人説過，有關死者托夢的靈異事件，
那是真的。
除了有些是人刻意裝神弄鬼，
利用它來騙人的除外，
當你所愛或愛你的人，
一旦感受到你發出的波動和訊息，
他們會立刻被你吸過來，飛向你。
特別是剛離開人世不久的人，
意識還殘存於世間，
對思想波的感應更強。

相信許多人都有過類似的經驗，好友送你一份生日禮物，正巧是你期待已久的東西；最近你才聊到某個人，沒想到今天就遇到了他；你正想打電話給某位久未聯絡的親友，巧的是他突然先打電話來給你；你跟同事在說老闆壞話，邪門的是這時老闆竟突然出現；你不想碰到某個人，怪的是老是碰到他；你不想被選中，偏偏卻選上了你……

這是怎麼回事？是巧合嗎？還是見鬼了？

你有沒有遇過或者是聽說過這樣的事。正當你思念某人或為某人的死去而感到哀傷時，你可能會在夢中看見他，或聽到他跟你說話；你可能聞到他喜愛的香水味，或他所抽的菸味，或隱約聽到他走路的腳步聲。或者，完全意想不到的，他的某些東西會突然出現，首飾、皮夾、照片……你的手機會出現他打來的號碼，你家窗戶和門縫會閃過影子……

這又是怎麼回事？原因就出在思想波。所謂：日有所思，夜有所夢。在上一章我們談過「振波」的共振共鳴原理，相同振波的人會互相吸引而產生共鳴。接下來讓我們一起來探討什麼是波？思想波又是什麼？

波是什麼

在宇宙中，含有各類的波動：如光波、聲波、腦波、思想波……雖然它們有千萬種不同的現象，但都是透過波動來傳遞能量。因此我們在認識思想波之前，先來談談波。

波是一種很平常的物理現象。有些波是可以看見的，我們都看過。

在隨便哪一個湖泊池塘裡，你都可以看到波的現象：一陣風吹過水面，水面上立刻會掀起一層一層波紋，順著風向前進；一顆小石子落入水中，水面會掀起一圈圈水波。

水會起波，但波卻不是水，那麼，波究竟是什麼呢？

用物理學的術語來說：波是物質運動的一種形式，是振動和能量的傳播。你可以做一個簡單的實驗：把一個軟木塞扔到池塘裡，等水面平靜了，再扔一塊小石子。你會看到水面上會掀起波紋，一波一波，愈傳愈遠。可是，水面上的軟木塞仍舊在原來的地方，並沒有跟著水波漂到遠處。也就是說，傳出去的是波，不是水。

軟木塞為什麼停在原地，而不向水波運動的方向移動呢？這是因為小石子的能量是由水的微粒一個挨一個地傳遞的，微粒本身只是振動。這種傳遞能量的方式就叫波動，也就是所謂的波。

直覺和預感

我們的思想也是由能量所形成，每個念頭都發出思想波，雖然用肉眼看不到，但透過波動的原理就可以把不同的訊息傳遞出去，就像水波動的道理一樣。

這就是為什麼世界上某地某人的思想，可影響到世界上任何地方的人，也可以影響到共處一室的人；為什麼有人本能可以知道別人對他的感覺；為什麼有時我們根本沒說過話，別人就了解我們的心意。

你可以說這是心電感應，但更正確的說法則是，因為彼此都接收到對方的波。沒錯，是思想波。當你正在想一個人，若此人夠敏感，或是他也在想你（也發出同頻率的波）時，彼此就能感受到。

這也就是為什麼好友會送你一份你期待已久的禮物；為什麼你才聊到某個人，沒想到今天就遇到了他；為什麼你正想打電話給某位久未聯絡的親友，他突然先打電話來給你。明白了嗎？

你曾聽人說過，有關死者托夢的靈異事件，那也是真的。除了有些是人刻意裝神弄鬼，利用它來騙人的除外，當你所愛或愛你的人，一旦感受到你發出的波動和訊息，他們會立刻被你吸過來，飛向你。特別是剛離開人世不久的人，意識還殘存於世間，對思想波的感應更強。

人類受限於感官與神經系統，再加上腦袋裝滿太多煩亂紛擾的思想，所感應到的只是周遭環境總能量的十億分之一不到；許多生物像蝙蝠，牠能感應到一個超音波的世界；蛇則可以感應到一個紅外線的世界；一些雄蛾發出求偶信息（思想波），可以令幾公里外的雌蛾知道。

其實，整個宇宙都充滿著波，大師只要經由深層靜坐就能測知任何的念頭，不論死人活人。而一般人心靈若能沉靜下來，也能感知這些波動，而產生所謂的直覺和預感。無線電波一直都在空中，你所需要的就是轉對頻道。

舉頭三尺有神明

收音機和電視機把聲音和影像瞬間帶給遠方的千百萬人，不論你身在何處，紐約、尼泊爾或阿里山，都能傳到你家。你的念頭是走在乙太（ether）之中最精細、最快速的振波，它是無遠弗屆，無所不在。

思想波傳遞的速度甚至比光波、電波還快。我們都知道，電波的速度每秒鐘可達三十萬公里。大家算一下，繞地球赤道走一圈的路程是四萬多公里，那麼電波一秒鐘就能繞地球七圈半。地球上相隔最遠的兩點之間的距離是兩萬公里，坐噴射機飛完這段距離差不多要一天，但是電波只要十五分之一秒就到達。你看它速度有多快，而思想波的速度比這個還快。所以，當你想著某個亡靈，或透過靈媒的召喚，在另一時空的祂們，可以「唰」馬上就來報到。而當你祈禱的時候，神佛也會立刻就接收到。

人們常說，舉頭三尺有神明。這並不是說每個人頭上真的都有一個神在那裡監督你的一言一行，否則那個神不是很可憐，日子不是很無趣嗎？那只是一個隱喻，用比較科學的說法就是，任何你所發出的念波（善念或惡念），神佛馬上都可以接收到，所以我們應該心存善念。

思想即能量，能量藉由電磁波傳遞，我們的每一個想法、每一個念頭，每一個波都會傳到宇宙量子場。一通老朋友的電話、一場意外、一段新戀情、一個天上掉下來的禮物，這都是你發出意念所回收到的結果。

你今天遇到一個很久沒有見面的朋友，他曾跟你借錢，最近你正好缺錢，他就把錢還給你。你以為這件事情是個巧合？不，那是因為最近你一直想著錢，然後又想到這位朋友，你的念波發出這樣的訊息，而這個朋友剛好也發出或收到同樣的訊息。也許他最近也在想你，他也在想找時間要還你錢，於是在那個時間、地點，你們就巧遇了。

再說我最近想寫的一篇文章好了。原以為那個主題很難找到資料，沒想到當我進入圖書館，一眼就看到一本相關的書；事隔幾天，我到一家餐廳用餐，在還沒上菜之前，隨意翻了座位旁的一本過期雜誌，誰料到其中有一篇報導，談的正是我要找的主題。這要怎麼說？

許多讀者寫信給我，信上說：「你的書正巧是在我最需要的時刻來到我手裡。」這又是另一個巧合嗎？不，我說過了，沒有所謂的巧合和意外，這都是你發出的思想波，是你發出的訊息。

好運語錄

思想即能量，能量藉由電磁波傳遞，
我們的每一個想法、每一個念頭，
每一個波都會傳到宇宙量子場。
一通老朋友的電話、一場意外、
一段新戀情、一個天上掉下來的禮物，
這都是你發出意念所回收到的結果。

03 我們就是我們所想的

你在生活中想要尋找什麼，
你就會在生活中發現什麼；
我們注意的是什麼，
得到的也就是什麼。
有了這個認知，我們必須時時提醒自己：

把注意放在「想要的」，而不是「不要的」東西上。
把念頭放在「渴望的」，而不是「恐懼的」事物上。
把眼光放在「成功的」，而不是「失敗的」經驗上。
把心思放在「快樂的」，而不是「痛苦的」回憶上。

你在生活中想要尋找什麼，你就會在生活中發現什麼。就像一塊磁鐵一樣，我們心裡最強的念頭，總能以某種方式，把它吸引到生活中。

比方，你很想買某一部新車，突然你會發現在路上到處都是同款的車；最近妳很想懷孕，妳會發現好像到處都是孕婦；你缺錢想借錢，然後你會發現報紙、夾報、電視、網路上，你家的信箱裡……到處都是借錢貸款的廣告。

你送出什麼波，就會收到什麼波。

你全神貫注在什麼東西上，就會得到那個東西，這是不變的心靈法則。

有一就有二，有二就有三

大家是否也發現了，自殺的消息會帶來更多的人自殺；縱火的消息會帶來更多的人縱火；當我們常聽到綁架的消息，那麼綁架的事件就會接二連三的發生；當我們常聽到有人搶銀行的消息，那麼搶銀行的事件也會接二連三的發生。

還記得那音叉的例子嗎？你敲響一根音叉，結果滿屋子相同頻率的音叉都跟著共鳴；人的思想也是如此。當你愈專注某些事或某些訊息，你就愈容易把它們吸引過來，而且還會把相近頻率振波的事都接收過來。

我們常說「有一就有二，有二就有三」。當新聞報導說，有哪個地方發生地震，不久在世界各地就會相繼傳出地震的消息；報導說有哪個地方發生墜機、爆炸、槍擊，不久在其他地方就會傳出墜機、爆炸、槍擊的意外；當有哪個地方發生某種奇特怪異的病毒感染，只要一經報導，接著似乎到處都有傳出各種怪異變種病毒。

像讓大家聞之色變的 SARS 病毒、腸病毒、禽流感病毒……不就是一個接連一個。

無論你專注什麼事，那個被關注的就會滋長。以新聞來說，每天我們看到的新聞報導大多都是負面的，而當成千上萬的人念波都「聚焦」到這些負面的訊息上，引發「同頻共振」，負面的新聞必然會更多。

自我應驗的預言

一個消極思考者，實際是在進行自我毀滅的過程。當他不斷的發出負面思考，也等於在傳送與接收各種負向的能量，結果必然給自己帶來負面的結果，那是一定的。

我經常引述這個故事：

從前，高空走鋼索的馬戲團表演並沒有張掛安全網。有一個非常著名的走索者瓦倫達，以他步步驚魂的特技，風靡了無數觀眾。

有一天，他家族中的一員，也是走索者，在表演時失足墜死。從此他心中充滿恐懼，他想到自己雖然技藝高超，但一旦有疏失，也難免落得肝腦塗地的悲慘結局。

不久之後，他果然在一場表演中失足落地，魂歸西天。

這走索者的妻子說：「在表演前幾個月，他腦中一直想的是他會不會也摔下去。這是他第一次有這種念頭，我覺得，他好像把所有的心思都放在不要摔落，而不是走鋼索。」

結果「一切正如所想」，他果然摔下去了。

擔憂，無疑是祈求你不想得到的東西。因為當你愈擔心某件事會發生，你就愈會去想，當你愈去想，那件事就愈可能發生。

失眠的人睡不著覺，因為擔心會睡不著，而當他們愈是擔心，也就愈睡不著。

你想什麼，就會得到什麼。如果你整天想著你的身體，擔心身體有毛病，那你就算沒病，遲早也會「想出」病來。如果你整天想著會發生什麼事，你其實是在期待，你知道嗎？「想」就是「期待」，結果也就發生了，這即是心理學上所謂「自我應驗的預言」（Self-fulfilling prophecy）。

羅馬大哲學家兼作家塞尼加（Seneca）曾說：「可悲與愚蠢之甚莫過於期待不幸降臨。厄運未至便先等候，無異狂人行徑。」

如果你也是這樣，喜歡杞人憂天，喜歡擔心東擔心西，建議你趕快改變這個不好的習慣吧！除非你希望遇到你所擔心的事。

果然不出所料！

有這樣的事：

有位急著找工作的李小姐，她從報紙的分類欄中，發現一則聘用秘書的廣告，她相信自己非常適合這份工作。就打電話到那家公司。

「妳看到廣告，我們公司要徵秘書？」接電話的女職員悄悄地說，「看來老闆真的要辭退我了……也罷！還是我自己先辭職算了。」這位女職員原本就懷疑老闆對她不滿，這通電話更確認了她的「預料」無誤，於是當天就辭職，並回電給李小姐可立刻到公司面試。

第二天早晨，李小姐很順利的坐上前任的位子，事後她才弄明白為什麼沒有人跟她競爭——原來她打錯電話號碼。

要使一件事發生最好的辦法，就是預期它會發生。當我們一直抱著某些想法，即是「預期會發生什麼」，結果也就發生了。消極的人，發出負面的念波，最後得到壞的結果；積極的人，發出正面的念波，最後得到好的結果。

情況就是這樣，當我們預言某件事會發生，那件事發生的機率必然大增。比方說，如果有個罹患癌症的病人，他預期自己的病會好轉，那他就會積極的去治療，從而增加痊癒的機會。反之，如果他預料自己必死，就會放棄一切的可能，結果也就正如所料。

好的預期往往帶來好的結果，好的結果又強化了原先樂觀預期果然正確的證據。相反地，壞的預期往往帶來壞的結果，而壞的結果又強化了原先悲觀預期果然正確。所以，我們常聽到有人這麼說：「我早就知道、我早有預感、果然不出所料！」

其實呢，不管你認為自己很幸運或是很倒楣，不管你認為情況會變好或是會變糟，你都猜對了。沒錯，一切都「正如你所想」。

我們的親朋好友常會提醒我們，不要把事情想得那麼樂觀，凡事要先料想最壞的情況，要有最壞的打算，他們會這麼叮嚀當然是好意，因為有了最壞的打算，這樣才不會失望，才不會錯估情勢。但是，卻沒想到最壞的打算，會發出最壞的念波，因而吸引最壞的結果。最後事情果然搞砸了，當然也就——不出所料！

法國作家諾曼・溫斯特說：「在事情尚未做之前，便認為自己會失敗，那麼，你不用去試了，失敗正等著你呢！」

他說的一點都沒錯，沒有人會因為任何負面或消極的想法而得到正面的結果和表現。沉溺在消極的想法，只會徒增它對我們的負面力量。

好事成雙，禍不單行

負面思考的影響力還不止於此。依據「共鳴共振原理」，當你愈專注於某些人、某些事或某些訊息，除了把它們吸引過來，而且還會把「相近頻率振波」的事都接收過來。

舉例來說，如果你一直想著你不喜歡現在的工作，到頭來你可能工作經常出錯，跟同事相處不好，上司對你意見很多，往來的客戶也問題不斷，因而你就更不喜歡這份工作，最後就算你不辭職，老闆也會要你走路。

問題還沒結束，如果你還不快點停止這種負面思考，接下來，從你工作的不順，很快就會影響到你的家庭，從家庭再影響到你整

好運語錄

你在生活中想要尋找什麼，
你就會在生活中發現什麼。
就像一塊磁鐵一樣，
我們心裡最強的念頭，
總能以某種方式，
把它吸引到生活中。

個生活。結果是，正當你在煩惱自己失業沒錢繳貸款時，開車卻被開了紅單，然後你家的冷氣又故障，這些「同頻率」的倒楣事突然接二連三找上你。你說：「我真是衰到底了！」當你話才說完，沒想到一出門你又……啊！砰！摔了個大跟斗。

拿傳統鋼琴來說明，當你踩下延音踏板彈奏時，除了你所彈奏音的琴弦會受到琴槌打擊產生振動外，其他的也會因為「共振效應」，而產生振動，因此踩延音踏板所得到的聲音，並不只是所彈奏的聲音而已，還混入其他琴弦產生共振的聲音。

思想共振的原理也是這樣，只要頻率相同，就會開始吸引，那就是同類相吸，也就是我們常說的物以類聚。思想也有這種特性，不管是人還是事情，只要你反覆想著，就等於在邀請周遭相同頻率的人事物找上門。這就是為什麼那些喜歡往好方面想的人，總會遇到好事；而那些老愛憂愁煩惱的人，就愈會遇到一些讓他們憂愁煩惱的事。所謂好事成雙，禍不單行原因即在此。

你在生活中想要尋找什麼，你就會在生活中發現什麼；我們注意的是什麼，得到的也就是什麼。有了這個認知，我們必須時時提醒自己：

把注意放在「想要的」，而不是「不要的」東西上。

把念頭放在「渴望的」，而不是「恐懼的」事物上。

把眼光放在「成功的」，而不是「失敗的」經驗上。

把心思放在「快樂的」，而不是「痛苦的」回憶上。

總之，你要常去想的是你所希望的，而非你所不想要的事。

04 魚找魚，蝦找蝦，烏龜找王八

我們會吸引什麼樣的人，
就看我們送出什麼樣的波。
如果妳認為所有的男人都不是好東西，
那妳會吸引到的就是所有壞的男人；
就算有些並不算壞，
但也別指望他能帶來什麼「好東西」。
因為那些好的男人，
那些好東西，跟妳的「頻道不同」，
又如何搭上線呢？

兩個愛爾蘭人坐在一個酒吧裡喝酒。

其中一人問另外一個：「你是哪兒的人？」

另一個回答：「我住在舊金山，不過我出生的地方是科克郡。」

「你沒開玩笑吧？我也是生在科克郡，現在也住在舊金山！真巧，咱們再來一杯吧！你生在科克郡什麼地方？」

另一個答道：「我生在我媽的房子裡，門前有一條小河，從薩克村南邊流過。」

「我的天！」第一個人叫道：「你能相信嗎？我也生在我媽的房子裡，門前有一條小河，也離薩克村不遠。為了咱們的巧合，來，我們再喝一杯！那麼你在哪個學校上學呢？」

「我是在鎮上的聖母受難學校上學。」另一個答道。

這時第一個人已經興奮得不能自已，他大聲叫了起來：「天啊，真是太不可思議了，我也是讀那所學校，這世界真是太小了。老闆，再給我們兩個人來上一杯。」

這時，酒吧裡的電話鈴響了，老闆接起電話：「克蘭酒吧。喔，今天晚上沒有什麼新鮮事，只是哈里遜家的那對雙胞胎好像又喝多了。」

人以群分，物以類聚

什麼樣的人，就會跟什麼樣的人在一起。喜歡喝酒的人，會跟喜歡喝酒的人聚在一起；喜歡說人是非的人，他的朋友也是喜歡搬弄是非；愛賭的人交往的必然是愛賭的朋友。正所謂：人以群分，物以類聚。這跟你是不是雙胞胎或連體嬰無關。

就像在某個餐會上我們跟旁邊的陌生人閒聊，而在談了一會兒之後，才驚奇的發現，那個人竟然是很近的親戚，或是那個人是你某位朋友的朋友，這是常有的事。

因為振波相同的人會互相吸引，所以那對雙胞胎會同時聚在同一家酒吧喝酒，也就不足為奇了。

套句俗話說的：「魚找魚，蝦找蝦，烏龜找王八。」不管一個酒鬼去到哪裡，他很快就會找到其他的酒鬼；不論一個賭鬼到了哪裡，他很快也會跟其他的賭鬼混得很熟；如果是一個不務正業、遊手好閒的人，沒錯，他周遭的朋友必然也是臭味相投的人。

換句話說，你本身就是個磁鐵，你所有的思、言、行會形成一個磁場，吸引那些和你相近的人、事、物過去。你去看那些成就非凡的人，他們的朋友必定也絕非等閒之輩。

所以，我們只要看誰跟什麼人交往，就可以知道他是怎樣的人；只要知道他有什麼樣的朋友，就可以看出他的為人。

觀其友而知其人

如果你問年輕的受刑人第一次吸毒和犯罪跟誰在一起，答案總是千篇一律：「我和朋友在一起。」

觀其友而知其人。與玫瑰在一起久了，也會沾染到花的芳香；

好運語錄

與玫瑰在一起久了，
也會沾染到花的芳香；
與狗躺在一起的人，
就會有跳蚤。

與狗躺在一起的人，就會有跳蚤。

只需看一個人結交哪一類的朋友，就可以知道他是什麼樣的人。反過來說，你只要看看身邊的朋友和經常和你來往的人，也就可以看出自己是怎樣的人。

如果你的朋友都很笨，那你可能也不會太聰明；如果你的朋友都很優秀，那你必定也不會太差；如果你的朋友都做一些雞鳴狗盜的事，那你絕對也不會是什麼正派的人。你的朋友是一面鏡子，可以顯示出你是什麼樣的人。

如果你的朋友很不夠意思，讓你失望，請回頭看看自己，你是不是對朋友也不夠意思？你是不是也讓他們失望？

如果你的朋友很小心眼，喜歡斤斤計較，請回頭看看自己，你是不是有時也很小心眼？也喜歡跟人斤斤計較？

如果你老是遇到討厭的人，請回頭看看自己，你是不是也是一個讓人討厭的人？

整個情況就是這樣，我們只會吸引到跟我們「同類」的人，我們只能接觸到與我們思想頻道和振波相同的東西。

你心裡想的是誰？

有些人或許覺得不解，比方你非常討厭愛嘮叨的人，為什麼你卻遇到一個喜歡吹毛求疵的上司，而你的伴侶或男（女）朋友也很愛嘮叨，這要怎麼解釋？

你喜歡浪漫，為什麼你的情人卻像個呆頭鵝？你很重承諾，卻經常遇到一些信口開河、言而無信的人，為什麼？不是說我們只會吸引到跟我們「同類」的人嗎？

問題就出在你的念波。沒錯，你很討厭愛嘮叨的人，但你有沒有想過你為什麼會如此討厭「這類」的人？是不是因為你的父母、你的親友，你的舊情人，甚或你自己也是這類的人，對嗎？否則你怎麼會「特別」討厭呢？

經常，某些我們最討厭、最不願去想的人——如仇人、敵人、分手的情人或傷害你的人，卻反而愈常出現在我們腦中，為什麼？因為你「特別常想」的就是那個人。

假如今天你跟同事吵了一架，整個心情都受到影響。「我討厭他，」你告訴自己：「我再也不要理他」、「我不會去想任何有關他的事了！」

但是，當你進出辦公室的那一刻，「心裡想的」是誰？整天下來最常出現腦海的又是誰？是他，對嗎？

這即是為什麼你很討厭愛嘮叨的人，但你卻老是遇到這樣的人。因為你腦中「最常想的」正是「他們」，因而把「同類」的人都吸過來，明白了嗎？問題是來自你的念波。

所以，如果你的上司、你的客戶或你的伴侶是個愛批評又難以取悅的人，請你看看自己，是否你多多少少也是這樣，或是你對這類的人有特殊的「信念」，諸如：「我最討厭吹毛求疵的人」、「老闆，客戶、男人或女人都是愛挑剔又難伺候。」這些念波從你的心裡發出，當然會吸引「同頻道」的人。

如果你喜歡浪漫，情人卻像個呆頭鵝，也請你看看自己的內心，也許你內心對浪漫有著不同的信念，比方你相信「浪漫的人都不切實際。」、「浪漫的男人都比較花心。」這些信念可能從別人那裡聽來的，也可能來自你父母、親友給你的告誡。

你雖然喜歡浪漫，但卻不希望自己的對象是個花心又不切實際的人，因而你所發出的念波所能吸引到的，自然是正派務實的「呆頭鵝」。說白了，你對浪漫的想法其實是很不浪漫的。

同樣的情形，你說，你很重承諾，為什麼會遇到一些信口開河、言而無信的人？那很可能也是來自你童年的信念，也許你的父母曾被倒過債，曾被親友出賣過，或許他們曾一再對你說「人都是不能信賴的」、「再好的朋友也可能騙你」……這些話一再的叮嚀著你，成為你思想和人格的一部分。

因而現在的你，對任何人都很不信任，即使你很重承諾，但你發出的卻是「不信任」的波，這就是為什麼你老是遇到一些信口開河、言而無信的人。

為什麼我老是遇到這樣的人？

你所能吸引到的都是跟你振波相同的人，這點我已經說過很多次了。你一定也聽說過，有些人工作換了又找，找到又換，但似乎總是遇到同樣的上司，遭遇同樣的問題；有些人婚姻結了又離，離了又結，但似乎總是遇到同樣的人，遭遇同樣的問題，為什麼？

答對了，是念波。

就拿最近剛跟男友分手的護士小倩來說吧，這已經是她第九次失戀了。

「那個負心漢，說什麼他有多愛我，全是騙人的。他跟別的男人沒什麼兩樣，都是說一套做一套。」她懊惱著說：「唉！為什麼我老是遇到這樣的人？」

「那是一定的，」我告訴她：「如果妳認為男人都是說一套做一套，那妳會遇到的，當然都是那些說一套做一套的男人。」

道理很簡單，我們會吸引什麼樣的人，就看我們送出什麼樣的波。如果妳認為所有的男人都不是好東西，那妳會吸引到的就是

好運語錄

魚找魚，蝦找蝦，烏龜找王八。

你本身就是個磁鐵，

你所有的思、言、行會形成一個磁場，

吸引那些和你相近的人、事、物過去。

你去看那些成就非凡的人，

他們的朋友必定也絕非等閒之輩。

所有壞的男人；就算有些並不算壞，但也別指望他能帶來什麼「好東西」。

因為那些好的男人，那些好東西，跟妳認知的「頻道不同」，又如何跟妳搭上線呢？

為什麼你總是遇到這樣的人？現在你知道了吧，你會一再遇到同樣的人，遇到同樣的事，直到你改變你的想法，改變你發出的波為止。

把好運吸過來

聽過能量場嗎？

相似的能量會吸引相似的能量，形成一個「能量場」。能量場像磁鐵一樣，會把相同的人事物「吸在一起」。正如同前面所說的，酒鬼會吸引其他的酒鬼，同時也會被其他的酒鬼所吸引；一個積極進取的人，周遭必然也都是積極進取的人。

所以如果你希望成功，就必須多跟成功的人在一起；希望快樂，就多跟快樂的人在一起。無論你希望在身上創造什麼，先讓自己成為那樣的人，把自己變成一個磁性的中心，創造出你希望的能量場，那些和它近似的東西自然會被吸引過來。

如果你希望能遇到好事，那麼就應該盡其所能去做一些好事，而後好運自然會降臨。當好運降臨，又會吸引更多的好事。一旦你了解這個秘密，你自己也可以創造你想要的一切。

05

好心情就是好風水

如果有人問我「你看我們家今年的運勢好不好？」
我只要看這個家庭的每個人是好或不好，就知道了。
是的，只要從一個家庭的氣氛，
就可以得知這個家的氣運到底好不好；
從一個公司的整個氣氛，
就可以得知這個公司的氣運到底強不強；
在裡面所有人的念波可決定一個家、
一個公司、一個團隊的氣運。

我們常聽說某個地方地理好、風水好，說的其實就是能量場。如果住在一個好的能量場，就會一帆風順、家庭興旺；反之，不好的能量場，就會帶來災禍，運勢就會走下坡。

你是否也觀察到，某些選舉當選人的競選總部，在下一次選舉時會特別獲得青睞；某些樂透彩中頭彩的地方，特別容易再開出頭彩；另外我們也可以看到，有些房子似乎風水特別好，不管誰做什麼都大發利市；另外有些店則是一手換過一手，不管做什麼生意很快就倒店，為什麼？

沒錯，是能量場。當選、中頭彩或大發利市的地方，都匯聚了很強的人氣（能量），而這些人氣又會吸引更多的人氣，形成很強的能量場，這就是為什麼許多人會那麼講究風水的道理。選舉當選、中頭彩或大發利市都是好事，好事就會發出好的念波，而匯聚了所有好的念波所形成的能量場當然是上好的風水。

什麼是能量場？

那能量場又是什麼？能量場又稱之為氣場（aura），也就是中醫說的「氣」，它像光環似的環繞著人體，一些有天眼通的特異功能者就能看到。它的原理很類似電磁場。

電子在一個導體內運行會產生電，電的流動產生電場，而變化的電場會在其附近產生變化的磁場，這個變化的磁場又在其附近產生變化的電場，新產生的這個變化的電場又在附近產生變化的磁場……這樣繼續交變下去。因此電場與磁場兩者是互為因果的，這種結合稱為電磁場。

隨著科學發展，現在大家都知道我們人體也是帶電的，醫生們早已用心電儀來做心電圖（EKGs），用腦波機來做腦波圖（EEGs），這種用來測定身體電力活動的設備都可以測到人體能量場的電力活動。腦有腦電波，肌肉有肌電波，意念有思想波。

我們的每個念頭都負荷著不可思議的電能，這些能量都攜帶著訊息向外發射，不同的能量形成不同的能量場，這能量場形成了眾人「振波」交織的網絡，結構要比我們任何的想像更為複雜。

為了更生動描述，讓我們想像在辦公室裡有幾個人，他們各自遠在房間的一隅，其中有位叫春嬌的今天心情很糟，然後她就發出不好的波，而如果這發出的波很強，時間夠久，就會影響到辦公室的每一個人。假如這時正好另一個叫志明的同事也發出同樣的波，他就會跟春嬌發生共振，心情也跟著低落下來，於是這整個辦公室就會形成一個負向的能量場。

我想許多人應該都有這樣的經驗，有時候你進到一間房子，突然間會有一股陰鬱的氣氛來到你身上；然後你走到另外一個房子裡，突然間你會覺得心曠神怡，原因就在能量場。一旦你進入不同的場，甚至只要靠近，你就會感覺到不同的氛圍，然後你也將跟著改變。

這就好像你在家裡面，雖然是同一棟屋子，但每個房間都各有不同的味道，各自形成一個場，餐廳有餐廳的味道，客廳有客廳的味道，地下室有地下室的味道。而如果廚房有人正在做菜，就說在滷紅燒蹄膀好了，那你在客廳、臥房就會聞到滷蹄膀的味道，如果打開窗戶或門，甚至就連你隔壁的鄰居，和路過的行人都可以聞到。念波擴散的道理正如同氣味會散播開來一樣，我們的念頭會影響周遭的人，別人的念頭也會進入我們。

回到前面辦公室的例子，春嬌的負向念波會影響到周遭每個人的振波，而新的振波又會產生新的能量場，而後者又再干擾周遭的每個人……。就像電場與磁場的原理，這種情況如果持續下去，影響所及是相當驚人的。如果此時你剛好進入這個能量場，就會莫名的感到不對勁，或突然變得心情低落；或者更倒楣的事都可能發生。

共振波的力量

共振波的力量是相當驚人的。當一個部隊齊步走過橋樑時，如果他們步伐的頻率與這座橋的固有頻率一樣時，就會產生共振現象，可能使這座橋塌下來。這就是為什麼軍隊在行經橋樑時，要變更步伐，原因就在這裡。

物理學家錢尼（Margaret Cheney），他曾把一個小振動器安裝在一棟十層樓高，只有鋼骨而建材還沒安裝上去的建物上。振動器是夾在其中一根鋼樑上。

數分鐘後鋼樑開始振動。慢慢地振動的程度增加，延伸到整個鋼骨結構上，並開始發出吱吱聲，搖搖晃晃起來。鋼架上的工人以為發生地震，紛紛逃到底層來，警察也全部出動。在未出事前，他趕快把振動器收起來，只造成一場虛驚而已，他就若無其事的走開了。他說如果再繼續十分鐘，就可以把這棟建築物震倒，可見共振的威力。

宗教的祈禱，發念波，之所以聚集在一起，原因即是大家思想波一致會產生共振，會形成一個強大能量場。同樣的道理，如果一個家、一個團體當中的每一個人都有共同的信念，有共同的目標和理想，那念力將有相乘的作用，正所謂眾人同心，其利斷金。

所以，如果你想知道「你們家今年的運勢好不好？」很簡單，你只要看你們家庭裡的每個人是好或不好，就知道了。

是的，只要從一個家庭的氣氛，就可以得知這個家的氣運到底好不好；從一個公司的整個氣氛，就可以得知這個公司的氣運到底強不強；在裡面所有人的念波可決定一個家、一個公司、一個團隊的氣運。

如果一個家成天吵吵鬧鬧，每天為一點小事搞得氣急敗壞，能量都耗光了，還談什麼氣運？人們住在一起形成一個家，每個公司團隊是大一點的家，所有的家形成了國家，如果每個家都不好，國家就不可能會好，國運就不可能昌隆，說到這裡，你知道念波的重要了吧！

好運語錄

如果一個家、一個團體當中的每一個人
都有共同的信念，
有共同的目標和理想，
那念力將有相乘的作用，
正所謂眾人同心，其利斷金。

風水好壞的關鍵

一個不好的場，就不可能是一個好的風水；而一個好的風水，就必然是一個好的場，即使那個場的地理環境不好也沒關係，「場」才是最重要的。

所謂好的風水並不光是好的環境，更重要的是要有好的心境。這點大家必須牢記，內在的心境才是最重要的。事實也是如此，如果你心情開朗，眼下所見都是好山好水，所到之處也就成了好風水；假如你老是抑鬱寡歡，一副愁眉苦臉，那就算讓你住在最好的地段，給你最好的環境，你終究還是那個樣子的。因為住在裡面的是同一個人，不是嗎？

好心情就是好風水，如果你想選擇一個新房子，就用這個當作指標，哪間房子一進門就覺得心曠神怡，那就是好風水；而當你待在裡面覺得悶悶的，心情也跟著沉悶起來，那就表示那房子的場不好、風水不好。如果這房子有人住過，那個「場」很可能是前面居住的人所留下來的，不要緊，我們一樣可以透過念波來改變整個場。

總之，你的心情和念波才是決定一個風水好壞的關鍵，了解了嗎？

06

你會變成跟你在一起的人

我們一直持續地受到圍繞在我們身邊的人影響，
任何你所想的都是別人給你的，
任何你所感覺到的也都是別人給你的，
那是人們很少意識到的事實。
如果你接近一個好人，
你就會感覺到內心的良善突然被喚醒；
如果你接近一個壞人，
你就會感覺到內心的邪惡突然被喚醒；
如果你跟一個有問題的人在一起，
那你遲早會出問題的。

有時候沒來由的，你突然變得心情低落，你也說不上來是為什麼，也沒有發生任何事，但是你的情緒就是這樣，突然間被一種陰鬱所佔據，像有一種東西進入到你的腦子裡。

那東西是什麼？那其實是別人所釋放出來的負面思想，剛好被你接收到。

有時候這種低落的情緒會持續一陣子，即使你刻意要拋開，卻一點用都沒有，那是因為你跟這個念波產生了共振，所以那個情緒會繼續下去。這是許多人常有卻搞不清楚怎麼回事的經驗。

我們的思想就像雲一樣飄來飄去。有時候你周圍的人，他們的思想會進入你的天空，有時是你的思想會進入他們的天空，那就是為什麼有時候你會覺得跟某人在一起時突然變得心情低落，而跟另一個人在一起時，突然覺得振奮起來，突然覺得很快樂。

每個人隨時都在交換能量

你是否曾待在一間屋內，所有人的能量和情緒都很低落，然後有個人走了進來，他才剛踏進屋內，整間屋子的氣氛突然改變，所有的人瞬間活躍了起來？這間屋子原本能量場很差，但這個人在進入之後，整個「場」（field）都變了，因為他的能量場觸碰到每一個人。

聽起來似乎有點玄，但卻是真的。

整個世界隨時都在交換能量。你的能量會觸及別人，別人的能量也會影響到你。一個緊張的人會使你也緊張，一個真正放鬆的人會使你也放鬆；如果有人在你旁邊打哈欠，你也會跟著打哈欠；我們一直受到圍繞在我們身旁的人的影響，如果有幾個人在打瞌睡，而你就在他們旁邊，你會感覺到這個現象——別人睡眠的波動會觸及到你。

某個人覺得悲傷，他雖然沒對你說，但你坐在他的旁邊，突然間你會感覺到一股陰鬱進入你的身上。

某個人感到高興，他一句話也沒對你說，但你會感覺到有一種快樂的氛圍擴及到你。

有一群人在那裡有說有笑，但只要你帶著悲傷進去試試看，幾分鐘之內你就會感覺到不一樣的變化，每個人的感覺都變了。

如果你跟快樂的人在一起，你就會變得快樂；如果你跟悶悶不樂的人在一起，你就會變得悶悶不樂；如果你每天跟那些心理有問題的人在一起，早晚也會變成那樣的人。

心理治療師發瘋的比例比其他任何行業的人都來得高，自殺的比例比其他任何行業的人也都來得高，那個數字幾乎是兩倍，這是怎麼回事？

他們在治療別人的心理，而自己卻發瘋了，為什麼？因為一個心理有問題的人，會散發一種負向的振波，而當你跟他在一起，傾聽他說話，其實是在吸收他所丟出的負面能量。而且，當你跟他在一起的時間愈長，你就吸收愈多。你會漸漸變成跟你在一起的人。

人們常說某對夫妻或情侶有夫妻臉，兩個原本出身背景、學經歷都不同的人怎麼會相像呢?沒錯，是因為在一起相處久了，能量一直互換，兩個人自然也就愈來愈像。

心靈傳染病

靠近一個樂觀的人，你也會跟著積極起來，有很多事情都會變成可能，有很多沒希望的事都會重新燃起希望；接近一個熱情的人，即使你心冷如冰也會變得溫熱；但是當你靠近一個悲觀或喜歡負面思考的人，那就糟了，你會發現有很多原本沒有的事也能積非成是，原本很簡單的小事也會變成窒礙難行的大事。當你跟那些病態的人在一起，某種在你心裡病態的部分就會開始跟他們接上線，然後你也會變得有病。

以能量場的角度來看，從事醫療、心理治療，甚或幫人收驚驅邪這類工作其實是很危險的，每天身旁圍繞的都是「有病」的人，遲早自己也會被傳染。

是的，精神病會「傳染」、自殺會「傳染」，就連思想、情緒都會傳染，儘管你並不自覺。

我們一直持續地受到圍繞在我們身邊的人影響，任何你所想的都是別人給你的，任何你所感覺到的也都是別人給你的，那是人們很少意識到的事實。

如果你接近一個好人，你就會感覺到內心的良善突然被喚醒；

如果你接近一個壞人，你就會感覺到內心的邪惡突然被喚醒；如果你跟一個有問題的人在一起，那你遲早會出問題的。

你有沒有發現一個現象，那些經常去求神問佛，喜歡找人改運的人，運勢似乎都不怎麼好。

這種情形到處都可以看到，他們並沒有因為常跑廟宇道場，常去神壇而愈變愈好，有的人氣運反而愈來愈糟，為什麼？

因為會到那裡的人多半都是「有問題」的人，事實上愈有問題的人愈會去那裡，問題愈嚴重的跑得就愈勤，而當有一大堆帶著問題苦惱的人都匯集在那裡，你可以想見那個「能量場」有多糟，如果你經常去那裡，不出問題才怪。

我們應該多去一些好的地方，多去一些匯聚歡樂喜悅的「場」，多接觸那些開朗豁達的人，這要比一天到晚去「求神問佛」強得多。

接近那些散發美好、良善、歡樂的光芒，接近他們，接近那些思想，那些人和地方，進入他們，在那裡，你的光亮才會被點燃，黑暗自然消失。

好運語錄

靠近一個樂觀的人，
你也會跟著積極起來，
有很多事情都會變成可能，
有很多沒希望的事都會重新燃起希望；
接近一個熱情的人，
即使你心冷如冰也會變得溫熱。

07 別讓腦袋裝垃圾

你或許並沒有覺知到，
你的頭腦塞滿了垃圾，
而這些垃圾多半是那些你「所關心」的人給你的。
因為你關心他，所以你必須聽他的抱怨，
聆聽對方不愉快的總總，
他不斷向你丟出負向的能量和振波，
而你繼續在吸收，直到他釋懷了，
你也塞滿了垃圾。
而當你頭腦塞滿了垃圾，
你不自覺的也會把垃圾倒給那些你「所關心」的人。

如果有人把垃圾倒在你的身上，你會怎麼樣？會生氣、會拒絕、會跟那個人抗爭，對嗎？但是如果有人把垃圾倒進你的腦袋呢，你會怎麼辦？如果有人帶給你一些負面的訊息，說一些不愉快的事給你聽，你會反對嗎？還是任由他把垃圾倒給你？

這是很奇怪的事，人們會去抗拒「外在」的垃圾，但對「內在」的垃圾卻「逆來順受」。當有人把垃圾堆在你家門前，你會很不高興；但是當他們把情緒和思想的垃圾帶進你腦袋裡，你卻不會反對。如果鄰居、親友把垃圾掃到你家門口，你會說：「你在做什麼？你怎麼可以這樣？」

但如果他把垃圾掃到你的腦袋，甚至連同別人的垃圾也掃進來，你會傻傻的裝進去，等到人家要離開了，你還會說「有空常來！」。你的頭就像垃圾桶一樣，接收了一大堆別人丟出來的垃圾……

他的垃圾會變成你的垃圾

你或許並沒有覺知到，你的頭腦塞滿了垃圾，而這些垃圾多半是那些你「所關心」的人給你的。因為你關心他，所以你必須聽他的抱怨，聆聽對方不愉快的總總，他不斷向你丟出負向的能量和振波，而你繼續在吸收，直到他釋懷了，你也塞滿了垃圾。而當你頭腦塞滿了垃圾，你不自覺的也會把垃圾倒給那些你「所關心」的人。

你曾經注意過或觀察過嗎?如果某人向你訴苦，告訴你一些抱怨和譴責，你的呼吸會改變，你的臉、你的眼睛會改變，你的想法、情緒，說話的口氣也會改變。如果你很專心、很投入的聽他講，他的垃圾就會變成你的垃圾，你的整個人會開始散發出同樣的譴責與厭惡。

是 **Ken Kizer** 說的吧，「你的生命若沒有界限，別人就會進入你的生活，停留在你不希望的耽誤和他們不應該存在的地方。」許多人之所以惹了一堆是非，即是因為太涉入別人的事。

不，你不該涉入。要想擁有一個清明的頭腦，要有好的念波，就不該讓那些負向的訊息進入你的頭腦裡，這是很重要的。你必須很覺醒，使進入你裡面的訊息都是正面的，其餘的都應該避免。

這些負面訊息當然也包括，你所看的書本、所看的報章雜誌、所看的電視電影……。現代人是直接由媒體吸收資訊，而媒體為了收視，十之八九會影射一些火爆、聳動、麻辣的訊息，其內容往往就是情色、災難、血腥與暴力。當我們每天坐在螢光幕前，無形中也把那些負向的垃圾訊息吸納到腦袋。

你並沒有覺知你在對自己做什麼，當你在聽別人的抱怨和譴責，在聽電視電台傳播的負面訊息，你其實是在「吸毒」；如果你看一本驚悚的小說，看一部謀殺的電影，你不知道你在做什麼，你其實是在「殺害」自己。

你注意過嗎？你的心情會跟著劇情升降起伏，你甚至成了影片中的人。當影片出現一幕幕追殺打鬥的畫面，你的心情也跟著激溢起來，你的心跳加速，手也跟著握起拳頭。假如影片很恐怖，出現陰森的通道、隱藏的恐懼、吸血殭屍、謀殺兇手及其他威脅，你的雙腿會緊靠，雙手緊抓著衣服或用手遮眼，在空檔時你會把衣服的拉鏈往上拉。假如你在家裡，你會衝出去檢查門窗有沒有鎖好。

各位千萬別小看這種「精神暴力」，它對我們的心理和生理的影響是相當大的。

有一個實驗，他們找了十二個健康的人，並且在實驗之前，先為這些人做尿液檢測，以確定他們都正常無誤。

然後，實驗人員分別給這些人看不同的影片，其中一組給他們看恐怖、看憤怒、暴力、殘酷的影片，當然，他們的情緒會隨著劇情而改變，他們變得緊張、焦慮；而另一組給他們看幸福、喜悅、快樂的影片，他們覺得高興和放鬆。過了三十分鐘之後，再個別做尿液採樣，根據尿液分析顯示，每個人的尿液都變得不同，體內的化學物質已經改變，那些感覺到緊張焦慮的人測出的結果是不正常的，而那些感覺高興放鬆的人是健康的。

想想，如果一個三十分鐘的影片會有那麼大的影響，那麼那些你每天所看、所聽、所接收的訊息呢？你想過這種「長期催眠」的毒害嗎？

潛意識被催眠

我們每一個人的大腦都有兩個層次，即意識（理性）和潛意識（非理性）。譬如說你在跟朋友聊天，你的意識就忙著談話，而你的潛意識則不斷的在吸收這些訊息；當你在聽電台、在看電視，你的意識在欣賞節目內容的同時，你的潛意識就把那些訊息儲存起來。我們在思想時，運用的是意識，但所有的思想最後都會沉浸到潛意識裡。

許多人應該都有過這樣的經驗：看到了某個舊識或影片中的演員，明明知道對方的名字，但一時就是叫不出來。結果，過了幾個小時之後，心思早已移轉他處了，才猛然想起：「他就是某某人嘛！」這就是潛意識的功能，它會記下所有的訊息，即使意識並沒有「意識到」。

科學家發現，意識腦僅潛意識腦的十分之一，就像冰山一樣只有百分之十露出水面，其餘還有九倍的部分潛藏在水面之下。由於它並沒有顯現出來，所以大家對潛意識的部分多半一無所知。

是的，你的潛意識每天都被催眠，而你卻不自知。當你每天跟朋友，跟那些三姑六婆聊天，你以為你只是在閒聊而已嗎？當你打開報紙、打開電視，你以為自己只是打發時間嗎？不，你是在催眠，是在洗腦。

媒體廣告就是最好的例子，當每一個廣播節目、每一個電視螢光幕、每一份報紙雜誌，都刊登某個廣告，比方說「奇麗面霜」，當廣告說「奇麗面霜面面俱到，清潔、滋潤、深層護膚三效合一；奇麗、奇麗、奇麗，讓你出奇美麗」。只要每天重複的廣告，然後再找個皮膚水水嫩嫩的美女代言，就像催眠一樣，下一回當你到超市，到百貨公司專櫃，你就會想試試「奇麗面霜」，沒錯，這就是你的潛意識被催眠了。

同樣的情形，你以為別人對你說的話，你只要聽聽就算了，無傷大雅，如果你那麼認為，那你就錯了。我必須提醒大家，我們的潛意識並不會分辨經驗的真假，也無法分辨那經驗是誰的。每一個你所接收到的訊息，你的潛意識都「照單全收」，並且儲存起來，就好像是發生在你身上的一樣。更明白的說，如果你每天接收的都是「沒營養」的訊息，潛移默化之後，你也會變成「營養不良」的人。

因此，當我認為某個人對我說的話沒有營養時，我會轉移話題。如果那個人還繼續說下去，我就藉故離開。平常，我也不看那些沒有營養的節目和書報，盡可能不讓自己接收「垃圾訊息」。

潛意識好比園中的土壤，會無條件的接受我們所播下的任何種子；好的、壞的，它都不會抗拒。如果你所播下的都是雜草，所接收的都是垃圾的話，那麼你的花園必然雜草叢生，混亂無章，不能不慎。

好運語錄

我們的潛意識並不會分辨經驗的真假，
也無法分辨那經驗是誰的。
每一個你所接收到的訊息，
你的潛意識都「照單全收」，
並且儲存起來，
就好像是發生在你身上的一樣。

08

我只是說說而已

有些人喜歡罵人，或在背後說別人的壞話，
他可沒想到，聽到的都是他自己。
罵人的聲音就像魔音一樣，
聽得最多的人，傷得也最深。
當口出惡言成為習慣後，
經由自己的耳朵日以繼夜的聆聽、灌輸，
久而久之，這種語言就成了心田的種子，
早晚會給自己創造惡運的果實。

我聽說有一個老闆過世，去到了地獄，當他還沒弄清楚狀況就有一個人用手拍拍他的肩膀。他回頭一看，原來是那個在地球上老纏著他的業務員。

「哈囉，」那個業務員說：「我終於等到你了。」

「等我做什麼？」

「難道你忘了嗎？」那個業務員說：「在地球上的時候，每一次我到辦公室去拜訪你，你都說『你等給他死！』……」

思想具有能量，語言是有聲的思想，所以語言具有很強振波。當我們說一些不中聽、不吉祥的話時，常會聽到人們說：「快閉上你的烏鴉嘴！」

因為當「負能量」的語言一出，你已經在發出電波，更明白說，你是在吸引「同頻道」的事件上門，這也就是為什麼烏鴉嘴會特別靈驗。

尤其是忿怒和怨恨時所說的話，那些話都帶有很強的能量，再透過負向的振波，結果往往讓人意想不到。

你一定也聽說過，某些人因為一時氣憤，說出了重話，後來真的發生嚴重的後果。

這種事情在醫院的急診室屢見不鮮，比方夫妻吵架，然後妻子氣憤的對先生罵道：「你去死啦！」結果先生真的就死了；父親氣呼呼的對孩子叫罵著：「有本事你就永遠不要回來！」結果孩子真的因為一場意外就再也沒有回去過。

好運語錄

忿怒和怨恨時所說的話，
那些話都帶有很強的能量，
再透過負向的振波，
結果往往讓人意想不到。

言語的力量

有人或許會問：「我只是說說而已，又不是真的，有什麼關係？」就拿「癌」這個字來說，當你聽到這個字的時候，你會產生什麼樣的想法和念頭？那只不過是一個字而已，不是嗎？癌這個字並不是癌，就好像錢這個字不是錢。但是，如果有人告訴你，說你最近身體的那些異常現象很像是癌症，你會怎麼樣？也許他也只是說說而已，但他的話對你真的一點關係都沒有嗎？

我們來看一下老吳的真實故事。

幾個星期來，老吳感到胸部不適、咳嗽，而且有點呼吸困難，吃藥也無多大改變，隨即住進大醫院接受檢查。結果診斷出是一個快速發展的惡性腫瘤，醫師預測他只剩下一、兩個月的壽命。

這個悲慘、可怕、難以接受的壞消息，震撼了老吳和他的家人。得到「癌症」兩天後，老吳便開始惡化。他感到非常虛弱，體重迅速下降。他開始無法離床，家人都認為，能夠度過這個星期已屬幸運。沒想到醫院打來一通電話。一個帶著歉意的聲音告訴他太太，老吳根本沒得到癌症！那個很窘的聲音解釋說，是醫院報告弄混了。

獲知實情之後，老吳在二十四小時內立即離床。他的食慾恢復，疼痛也消失，而且行動自如。他的衰弱完全不見，留下的只是剛開始的症狀：咳嗽與呼吸困難。

你說「我只是說說而已」，就像說「我只是放顆炸彈而已」

一樣。你說有沒有關係？言語甚至比真實的情況影響更大。愛默生曾經說過：「用刀解剖關鍵性的字，它會流血。」足見語言是有生命的，它具備了創造和毀損的能力。

影響最深的人

詩人安琪洛（Maya Angelou）也談到過言語的力量。她說，言辭就像小小的能量子彈，射入肉眼所不能見的生命領域。我們雖看不見言辭，它們卻成為一種能量，充滿在房間、家庭、環境和我們心裡。她相信，身邊的言辭會滲透我們的生命。

語言就是發出聲音，這聲音一天少說也要講上幾百句到幾千句，不知不覺地就會影響到自己的情緒、心態和命運。

有些人喜歡罵人，或在背後說別人的壞話，他可沒想到，聽到的都是他自己。罵人的聲音就像魔音一樣，聽得最多的人，傷得也最深。當口出惡言成為習慣後，經由自己的耳朵日以繼夜的聆聽、灌輸，久而久之，這種語言就成了心田的種子，早晚會給自己創造惡運的果實。

所以，我們說任何話都要心存善意，而在措詞用字上面也不要太重。我們談吐時所用的字眼直接明確地影響我們的思想和情緒，一般人處理情緒的中心是右腦，語言中心在左腦。當右腦認知一個負面的情緒時，會越過胼底體傳遞到語言中心，說出相應的字。同樣的，當我們左腦在接收到負面的字眼時，也會傳到右腦，反應相應的情緒。所以，你選擇用什麼字眼來表達就相當的重要。

比方，如果有人觸怒了你，你可以用「困擾」或「遺憾」的字眼來取代「氣憤」或「忿怒」，想想看，當你改以「遺憾」二字時，你還會火冒三丈嗎？

你也可以下咒語

日本作家永崎一則曾在他的作品中選錄一句名言：「語言有色彩，語言有重量，語言有溫度，因為那是人心的產物。」

是的，言語是心的畫像，我們應該多以正面肯定的言語來思考和說話。

當然，剛開始的時候並不容易，長期累積的習慣很難一下就改變過來。我建議你可以這麼做，找一本小筆記本，寫下一些美好的字眼，你也可以把這些話語寫在一張小卡片（如名片）上，擺在皮夾裡，每天早上都唸它個十來遍，接下來的一天只要遇到機會，就把這些字眼用在交談中。當你不斷重複這些字眼，很快就會把這些意念灌注到潛意識，改變你的思、言、行，讓你也成為這樣的人。

下面的字眼你可以參考看看：

好幸福／充滿歡樂／真快樂／充滿喜悅／很樂意／令人愉快
真有趣／順心如意／好好笑／好運到來

我也為自己寫了一些話，就放在我的書桌上，用來鼓勵自己，一方面也用來激勵別人，內容是：

最重要的一個字眼：好。

最重要的兩個字眼：很好。

最重要的三個字眼：非常好。

最重要的四個字眼：真是太好。

最重要的五個字眼：真是好極了。

有道是：良言一句三冬暖，惡語一句九月霜。言語看似簡單，但影響卻相當深遠。我們每個人都是魔法師，可以用言語對別人下咒，也可以用咒語幫助別人。更重要的是，你所下的每個咒語最後都會回到你自己身上，因為咒語是發自於你，你就是整個振波的中心，不是嗎？

好運語錄

語言就是發出聲音，
這聲音一天少說也要講上幾百句到幾千句，
不知不覺地就會影響到自己的情緒、心態和命運。

09 我是你的所作所為

有個靈魂死後飛向空中，
遇見一位骯髒、容貌可怕、
全身都長滿膿瘡的女人，
據說，
那是上帝安排給他的對象。
靈魂害怕的問她：「妳是誰？」
這位可怕的女人說：「我是你的所作所為。」

生命有一個根本的法則：無論你做出什麼樣的事情都會回到你的身上。

如果你咒罵，那個咒罵將會回到你身上；如果你用力把別人推倒，那別人不是回罵你一頓，就是會回推你一把，也就是說任何人都無法逃避自己行為所帶來的後果。如果你對人吐口水，那個口水早晚都會回到你身上。

有一個餐館老闆在生日的時候，對他的廚師說：「從今天起，我要對你好一點。」

廚師喜出望外：「那麼，我有時中餐準備不及，你不會馬上從我薪水扣錢吧！」

老闆說：「不會了！」

「如果咖啡稍冷了一點，你不會把它吐出來？」廚師問他。

「不會！」老闆說。

廚師又說：「如果我不小心，牛排稍嫌熟了一點，你不會在大庭廣眾叫罵我了？」

「當然不會！」老闆回答。

「好的！」廚師也下定決心：「從此以後，我再也不會在你的湯裡吐口水啦！」

「業障」和「因果」

人生就像丟回力棒一樣；不管你丟出去什麼，或是想了、說了、做了什麼，最後都會回到你身上。也許不是馬上，也不確知會以什麼方式，但它終會回報給你，這個法則屢試不爽。

我記得波斯有一則寓言：

有個靈魂死後飛向空中，遇見一位骯髒、容貌可怕、全身都長滿膿瘡的女人，據說，那是上帝安排給他的對象。

靈魂害怕的問她：「妳是誰？」

這位可怕的女人說：「我是你的所作所為。」

佛家所稱的「業障」和「因果」，說的其實就是這種「行為的法則」。你種什麼就會收什麼，你今天得到什麼果，是因為你以前、甚至你的前世種下了那個因。你現在過得很好，那是因為你過去種下好的因；你現在過得不好，那也是因為你過去種下不好的因，所以得到不好的果。

業就是我們行為的結果。這世上並沒有一個像法官一樣的神在審判人的行為，審判誰對誰錯，誰可以上天堂，誰必須下地獄；也沒有任何力量在決定人應該「宿命」的輪迴，那只是為了勸人向善的一種說法而已，那個神、那個力量其實就是你自己，是你的行為決定你自己的命運。

行為決定命運

你的世界只是一面鏡子，反應你的行為。這裡提到的「行為」包括我們所有的思、言、行。每一個時刻你的行為都在決定你接下來的命運，都在創造你自己的天堂或你自己的地獄。如果你遵循這個宇宙的法則，發出善的思想和行為，你就是給自己創造天堂；反之，如果你倒行逆施，胡作非為，違反法則，那麼你就是給自己創造地獄。

許多人或許會感到不解：如果真是這樣，那為什麼有些壞人卻飛黃騰達，他們為什麼沒遭到報應？而我們也可以看到許多好人在受苦，他們又為什麼會遇到這樣的事？

會疑惑是正常的。因為你還沒看到整個結局，你當然會感到不解。的確，有些因果並不會馬上顯現，這就像你播下種子，必須等待一段時間才會發芽、結果。

但是無論時間長短，你以前播下什麼種子，你就會收成什麼，那是一定的。種瓜得瓜，種豆得豆；種下有毒的種子，就不要期待會得到甘美的果實。

罪惡或許開始時是甜美的，但後來總是證明是有毒的；善良一開始似乎總是吃虧、吃苦，但到了結局總是甜美的。

所以，如果你看到一個好人在受苦，不要擔心，那只是過程，那是他的「性靈」已經提升到另一個階層，會覺得艱困、痛苦，是因為他在往山頂上爬升，別擔心，甜美的果實正在那裡等著。如果你看到一個壞人在享樂，別急著判斷，只要隔一些時候，你會發現他正在自掘墳墓。

好運語錄

罪惡或許開始時是甜美的，
但後來總是證明是有毒的；
善良一開始似乎總是吃虧、吃苦，
但到了結局總是甜美的。

哪有什麼因果？

人們認為某事是好的或壞的，都是以短期的眼光在看。假如一開始是好的，是快樂的，你就會說那是好事，但那真的是好事嗎？有人每天吃大魚大肉，吃飽睡睡飽吃，你會說他真是好命，但他真的是好命嗎？短期來看也許是好的，但持續十年、二十年後，你就會知道那將會有多糟。

你會驚訝於人們的短淺，只看眼前，看到某人為惡多端卻過得很好，也沒有任何壞事找上他，在心裡就開始懷疑，哪有什麼報應？於是人們開始沉淪，開始為惡。

這就像許多人明知抽菸有害健康，仍不斷的抽，因為抽了三年、五年，他並沒有覺得身體變壞，更不像醫學報導說的那樣，他們甚至懷疑報導的「真實性」，或以為自己是個「例外」，所以他們繼續一根接著一根的抽，直到自己變成醫學報導說的那樣。想想，這不是自掘墳墓嗎？

我說過，你做的任何行為都決定你接下來的命運，就正如某句俗話說的：「如果你堅持把手放在火裡，你就不該希望它不會被燒到。」

為什麼找上我？

那些所謂的不幸和惡遇，都是我們自己行為的長期結果。

我可以理解，這個說法會讓許多人覺得不安和不平。比方，有些善良的人，為什麼會遭到悲劇？有些無辜的孩子，為什麼一出生就要接受悲慘的命運？如果不幸和惡運，都是我們自己行為創造的，那麼有些孩子一出生就夭折，一出生就要背負債務，這又要怎麼解釋？他們什麼都沒做啊，為什麼？

這問題涉入了整個因果循環。舉例來說，某個人一早醒來，對他來說，這是新的一天，雖然他什麼都沒做，但卻有人上門跟他要債，他是否對此感到不解，那得看他是否把自己的身分認同延伸到過去，得看他是否承認以前的所做所為，如果他只認同剛起床的這一天，他當然會覺得不解，「我才剛起床，什麼都沒做，為什麼找上我？」

好運語錄

無論時間長短，
你以前播下什麼種子，你就會收成什麼，
那是一定的。
種瓜得瓜，種豆得豆；
種下有毒的種子，
就不要期待會得到甘美的果實。

轉世的觀念幫助我們了解此生只是整個生命課程的一小段，許多問題的根源並不是在此生，只是在此生呈現罷了。這些問題在某些像佛教一樣接受因果輪迴觀念的宗教中，都有非常完整的解說，在此不多贅言。

整個世界是以一個循環或圓圈在移動，太陽以一個圓圈在轉，星球以一個圓圈在繞，大自然也是以一個圓圈在循環，春、夏、秋、冬，就像一個輪子一樣在繞圈子。在整個生命裡面，在整個宇宙裡面，每一樣東西都是循環的。

天上的雲凝結變成雨水，雨水匯集成了河流，河流流入大海，然後海水蒸發變成了雲，雲又再度變成了雨，雨降落到地面，整個循環會一直繼續下去。生命的循環也是一樣，每一個你丟出去的東西最後一定會繞回來，這即是整個因果和業的概念。

曾聽過一則故事，有一個流浪漢饑餓難忍，突然看到一家餐廳的窗子上寫道：「請進來享用豐盛的美食，您的帳可以由您的子孫付。」

流浪漢真是高興極了，立刻進去大吃大喝。吃完以後，服務生遞上數目可觀的帳單。流浪漢錯愕的問：「不是說由子孫付帳的嗎？」

服務生說：「您現在付的是您爺爺的帳。」

天下沒有白吃的午餐。是的，債主一定會找上你，也許是今天，也許是明天；或許是這一世，也或許在下一世，但沒有人能躲過這種因果的循環。

10 給自己最好的禮物

不論你傷害誰，就長遠來看，
你都是傷害到你自己，或許你現在並沒有覺知，
但它一定會繞回來。
凡你對別人所做的，就是對自己做，
這是歷來最偉大的教誨。
不管你對別人做了什麼，那個真正接收的人，
並不是別人，而是你自己；
同理，當你給予他人，
當你為別人付出，那個真正獲利的也不是別人，
而是你自己。

某一天，小張要去相親，因為沒有看過對方，擔心她長得太醜，於是交代朋友，十分鐘後call他的手機，這樣他就可以藉機遁逃。到了約會地點之後，小張對女方驚為天人，於是心想，等一下手機響不要回就好了。

沒想到，美女的手機這時候響了起來，美女聽了兩秒後，對小張說：「對不起，朋友有急事找我，我要先走了……」

＊＊＊

有一個男人在派對上對男主人說：「今天的美女真多，要是待會兒我泡上一個，你可不可以把樓上的房間借我一用。」

主人說：「那你老婆怎麼辦？」

這人說：「放心，她不會想念我的，我只失蹤一下而已。」

主人說：「我不是說這個，我是說十五分鐘前，她才向我借了樓上的房間。」

＊＊＊

有一個老光棍，他並沒有什麼嗜好，只是喜歡在睡覺前喝一點葡萄酒自娛。然而，他發現這幾天有人偷了他的酒。

他便懷疑偷酒的是他的傭人，於是就把酒倒出來，再裝入他的小便。但裝小便的酒，仍然每天減少。他很不高興的把傭人叫來，責備一番。

「不，我並沒有偷喝，」傭人說：「我是想做味道更香更可口的菜給您吃，所以我每天燒菜時，都加了一點在裡面。」

從這三則短文中各位有沒有發現什麼共通之處呢？

沒錯，你怎麼對別人，別人就怎麼對你；你給別人什麼，別人就回報你什麼。

說得更白一點就是，你給別人的，其實是給自己的。就像我在前面說過的，不管你丟出去什麼，或是想了、說了、做了什麼，最後都會回到你身上，不是嗎？

你給別人的，其實是給自己的

讓我們再聽下面的故事：

在一家簡陋的酒館裡，正在喝大杯啤酒的李先生，突然覺得內急，他匆匆忙忙站了起來，又想到上廁所時，酒可能被別人偷喝，猶豫一會兒後，他找到一張紙，寫上「我吐口水在這裡」，把它放在杯子下面，然後才放心的去上廁所。

過了幾分鐘後，李先生回來時，他看到另一張紙寫道：「我也吐了一口在這裡。」

哈！自食惡果的事說都說不完——

我聽說從前有個人，他很不喜歡喝咖啡，但是他太太並不知道，他從來沒告訴過她。她非常喜歡喝咖啡，所以每天早上都會順便為他準備一個熱水瓶的咖啡，跟他的便當擺在一起。

他一直都帶著那個便當和熱水瓶去工作，但是因為他很節儉，

好運語錄

世上只有快樂好，
快樂最好的方法是多做好事，
要做好事最好的方法就是對別人好。

所以每天晚上都會把那個熱水瓶帶回家，裡面的咖啡完全沒有被動到。

他知道太太很喜歡喝咖啡，為了要省錢，所以當她沒看到的時候，他會將沒有喝的咖啡倒回咖啡壺裡。晚上的時候他會用喝咖啡使他睡不著的理由把它推掉。

就這樣他每天都重複這麼做。有一天，她的太太認識了另一個男人，他們計劃好要毒害他，以獲取巨額的保險金，於是她每天早上都放少量的砒霜在他的熱水瓶裡，日復一日，直到最後她毒死了她自己。

你給別人的，其實是給自己的。你說是不是呢？

你所給予的，都會回到你身上

如果你對人冷淡，別人也會回以冷漠；如果你經常批評別人，你也會接收到許多的批評；如果你總是擺一張臭臉，沒錯，別人也不會給你好臉色。

所有你所給予的，都會回到你身上。套句詩人奧登（W.H.Auden）的話：「人受惡意之作弄，必作惡以回報。」如果你陷害別人，哪天你也會遭人陷害。

同樣的道理，當你帶給別人歡樂，你就會得到歡樂；帶給別人祝福，你就會得到別人的祝福；如果你經常讚美別人，不久你也會聽到有人在讚美你。

「你給別人的，其實是給自己的」，你讓他人經歷什麼，有一天你也將自己經歷；你怎麼對待你的父母，將來你的孩子也會怎麼對待你。

我想許多人一定聽過，格林童話中有一則關於一位老人和兒子住在一起的故事。老人的耳力已經不行了，眼睛也看不見，顫抖的雙手經常把飯菜灑得滿地，碗也常打破，兒子夫婦倆感到非常厭煩，給老爸爸一付木製碗筷，把他趕到廚房幽暗的角落，不准和大家一起用餐。

有一天，兒子看到自己的兒子用刀片削木頭，他好奇的問孩子要做什麼。結果孩子回答：「我在替你準備將來要用的木碗、木筷。」

從此以後，年老的父親又回到餐桌上吃飯，家人也都非常孝順他。

農夫的哲理

地球是圓的，整個世界都在繞著圈子，不論你傷害誰，就長遠來看，你都是傷害到你自己，或許你現在並沒有覺知，但它一定會繞回來。所以，如果你佔了別人什麼便宜，先別得意，很快你就會為此付出代價；反過來，若是別人對你做了什麼，你也無需氣憤，不必去報復，任何他們所做的，他們都將自食惡果。

「凡你對別人所做的，就是對自己所做的。」這是歷來最偉大的教誨。不管你對別人做了什麼，那個真正接收的人，並不是別人，而是你自己；同理，當你給予他人，當你為別人付出，那個真正獲利的也不是別人，而是你自己。

有一個農夫的玉米品種，每年都榮獲最佳產品獎，而他也總是將自己的冠軍種籽，毫不吝惜地分贈給其他農友。

有人問他為什麼這麼大方？他說：

「我對別人好，其實是為自己好。風吹著花粉四處飛散，如果鄰家播種的是次等的種籽，在傳粉的過程中，自然會影響我的玉米品質。因此，我很樂意其他農友都播種同一優良品種。」

他的話看似簡單卻深富哲理，凡你對別人所做的，就是對自己所做的。所以，凡事你希望自己得到的，你必須先讓別人得到。

保證有效的秘方

就像那個農夫一樣，如果你想要得到冠軍的品種，就要給別人冠軍的種籽。你若想被愛，就要先去愛人；你期望被人關心，就要先去關心別人；你要想別人對你好，就要先對別人好。

這是一個保證有效的秘方，可以適用在任何情況。如果你希望交到真心的朋友，你就必須先對朋友真心，然後你會發現朋友也開始對你真心；如果你希望快樂，那就去帶給別人快樂，不久你就會發現自己愈來愈快樂。

明白了嗎?我們所能為自己做的最好的事情，就是去為他人多做點好事。己所欲，施於人。

凡你想給予自己的經驗，就給予別人；想別人怎麼對你，就怎麼對待別人。

我的信條是：世上只有快樂好，快樂最好的方法是多做好事，要做好事最好的方法就是對別人好。

是的，對別人好，就是快樂，也是送給自己最好的禮物。

好運語錄

這是一個保證有效的秘方：
你若想被愛，就要先去愛人；
你期望被人關心，
就要先去關心別人；
你要想別人對你好，
就要先對別人好。

11 祂的鏟子比我的還大

你給的愈多，你就能接受愈多，
因為你愈是把自己掏空，
你就愈能夠接受。
一個杯子只能接受很少的東西，
但一條大河卻能接受很多，
因為它把自己都給出去，
給人們、給農田、給大地、給海洋，
它給予愈多，就愈充沛，就愈活、愈新鮮……
豐沛的源頭總是源源不絕。

在物質世界裡，一旦我們付出任何東西給別人，我們就不再擁有，因此我們容易感覺自己不夠豐足，而吝於給予。然而，整個宇宙的特性正好相反。你付出什麼，就會回來什麼；上去的必定會下來，出去的必定會回來。「施」產生了「受」；「受」產生了「施」，這即施捨法則。

咱們就以某個業務員為例，想像他正在接待一個客戶。一般的業務員，可能只想到要怎麼把東西推銷出去。然而，這位業務員卻不同，他不以銷售做考量，而是致力於服務顧客，一切以顧客的需求為考量。

結果先不管他們是否成交，大家想一想，這個客戶會對這個業務員留下什麼印象？這個客戶將來若是自己或親友有需要，他們會不會找這個業務員呢？

很可能是會的，對嗎？誰會拒絕得到比預期更好的服務呢？

一個真正有智慧的人，他們所關心的是別人，在意的是別人的利益。而當他們給予別人愈多，得到的總是愈多。是的，「給予即獲得」（giving receiving）這是宇宙最神奇的法則，你給的愈多，所得到的也就愈多。

人們都太吝於「給」，只在乎「得」，即使是給予幾乎也都是「有所求」的。特別是只要一牽扯到跟自己利益有關時，更是「利」字當頭，「我」不離口：「我能得到的是……」、「我想要的是……」，凡事都想著：「這麼做對我有什麼好處？」

然而，這麼精打細算真的就能得到好處嗎？事實正好相反。

當你愈計較，別人也會愈計較；你會精打細算，別人也會偷斤減兩，情況就是這樣，到頭來你什麼好處都要不到。當一位箭手的目光盯著獎品，而不是瞄準靶心時，他肯定射不中靶心，也得不到獎品。

毫無功德

現代人都太過功利，甚至就連信什麼教，拜什麼神，大多也是「有所求」。如果你聽過那些「善男信女」跟神說些什麼，你就會明白怎麼回事。他們的虔誠大都是有目的的，有為了求名、求利、求健康；有為了求子、求孫、求婚姻……

我聽說，現在廟宇裡面的神大多都跑光了，原因是被人嚇跑的。為什麼呢？你想想看，如果你整天坐在那裡，從一大早開始就有人來拜託這拜託那，求這個求那個，不會生的來求、買彩券的來求、作奸犯科的人也來求……還要被那些刺鼻的煙薰，這樣日以繼夜，年復一年，不辭職才怪。這算什麼工作啊？

所以，如果你到廟宇去求神，結果祂沒給你那些你所祈求的，不要怪祂，你應該怪自己，祂就是被「這種人」給嚇跑的。

許多宗教發展到後來，反而愈拘泥於形式，大家只知道要拜拜，要準備什麼行頭，而忘了拜拜和信教的意義；光知道唸經拜佛，而忘了修心修行；光知道建造佛像和佛殿，而忘了真正的佛。

「佛」這個字，Buddha 意為「覺醒、明白和了解」。也就是說，當人有所覺醒即是佛，這個佛是在我們自己的內心，而非人們雕刻出來的佛像。

梁武帝蕭衍是梁代的開國君主，他大力推展佛教，建造許多寺廟，並大量翻印佛經。

當時，達摩大師正巧經過海路來到中國。梁武帝一見達摩便問：「我建造寺廟、抄寫經文、吃齋唸佛，究竟有多少功德呢？」

達摩一聽，立即回道：「毫無功德。」

梁武帝一聽差點暈倒！為什麼他做了那麼多的「善事」，卻被達摩斷定為毫無功德呢？道理很簡單，梁武帝太執著於他的付出能換來什麼回報，說白了就是有求、有目的，自然也就毫無功德可言了。

正如托爾斯泰所說的，如果「善」有原因，它就不再是「善」，如果「善」有它的結果，那也不能稱為「善」。

有信仰，那是好事，但有信仰不代表就是好人。最重要的是心，是意念，這要比你信什麼或是否有信仰重要的多。你覺醒了嗎？

你的動機是什麼？

心念才是最重要的。人們習慣把做善事，說成有愛心，其實行善只是做了善事，卻未必是有善心，善心必須是無求的，是利他而不是利己的，那份心才算是有愛心。

善或惡，應該根據人們行為背後的動機（意念）而定，重點不在於你做了什麼，關鍵在於你的動機是什麼?你的意念才是主要的關鍵。你可以心存惡念卻面帶微笑，這種微笑就是罪惡。反之，你或許在生氣，但你的憤怒是出於良善，是出於愛和關心，那個生氣即是善的。任何你的動機是好的，那你任何的作為將是良善的；任何你的動機是不好的，是有企圖的，那你任何的作為將是罪惡的。

所以我們常說，修行要先從心裡修。當你佈施金錢給窮人，真正的「功德」是那個「佈施的心」，而不是錢的多寡，否則壞人不是只要多捐一些錢便可以了?

不，功德是看一個人「心的質地」，當一個人心地不善，他就會遭到惡報，這跟你捐出多少錢無關。這點必須注意，重要的是「質」，而不是「量」。

有些好人也可能遇到一些不好的事，或者有些人才剛做了某件善事，但不久竟遇到一些不好的事，那些功德是不是白做了？當然不是，在「量」的世界看來，這的確讓人困惑，怎麼會好心沒好報！

但從「質」的世界來看，那個人其實是在消災解難，當他「心的質地」改變，他「量」的世界從此也將改變，福報正在後頭等著他。「福兮禍所倚，禍兮福所倚」，一件事情的好壞，不能只看當時，俗話說：「人為善，福雖未至，禍已遠矣；人為惡，禍雖未至，福已遠矣。」就是這個道理。

有沒有用得上我的地方？

想要行善，跟你捐多少錢一點關係都沒有，而是看你的心，重要的是要有一顆良善的心，那不管你做什麼，都將是善行。

想要富足，跟你是否有錢一點關係都沒有，而是看你的心，有一顆富足的心，那不管你擁有什麼，你都是富足的。

人們常會說，「我又沒錢要怎麼做善事？」其實呢，正因為你沒錢，那份心才是最可貴的，才更需要多去做善事。

施捨法則其實非常簡單：你想得到什麼，就先給別人什麼。如果你想得到愛，就學習愛人；如果你想快樂，就帶給別人快樂；如果你希望得到讚美，那就多去讚美別人；如果你想物質富足，那麼就幫別人富足。這在前一章我已經說過。只要你不斷的幫助別人獲得想要的東西，你也必然能獲得自己想要的東西。

所以，不要擔心沒錢，即使是一朵小花、一句讚美或一個祝福，都是強而有力的贈予。當你關心某個人，你可以默默為他祝福，祝他快樂、健康、平安。你可以把這些善念迴向給所有你認識或不認識的人，這種施予的力量十分強大，卻不花你一毛錢。

快樂是來自被需要，當你被需要，你就覺得快樂，因為你覺得你的存在是有意義的。這就是為什麼許多人在不計報酬地擔任「義工」之後，反而覺得自己更充實、更快樂。

我建議大家，每天早上在出門以前都應該先這麼想過一遍：「今天，我能做些什麼，好讓這個世界因我而變得更美好。」

好運語錄

不要擔心沒錢，
即使是一朵小花、一句讚美或一個祝福，
都是強而有力的贈予。

把注意力由「如何從別人身上得到什麼？」轉換到「我可以為別人做些什麼？」或「有沒有用得上我的地方？」

那麼，你將發現你的人緣愈來愈好，生意愈做愈順，生活也愈來愈快樂。

給愈多，得愈多

你給得愈多，你就能接受愈多，因為你愈是把自己掏空，你就愈能夠接受。一個杯子只能接受很少的東西，但一條大河卻能接受很多，因為它把自己都給出去，給人們、給農田、給大地、給海洋，它給予愈多，就愈充沛，就愈活、愈新鮮。

真的，你分享愈多，你就擁有愈多，從井裡將水提出來，然後就有更多新鮮的水會湧入你的井裡……豐沛的源頭總是源源不絕。

我聽說有個對上帝非常虔誠的農夫，他為人樂善好施，十分慷慨，鄰居和親友都不明白，他捐獻的金額如此多，何以仍然這麼富裕？

有一天，鄰居問道：「這是怎麼回事，你的錢好像花不完一樣。為什麼你錢捐出去那麼多，然而卻好像愈來愈富有？」

農夫回答說：「這很容易解釋。你瞧，我用鏟子不斷的往上帝的倉庫裡鏟，而上帝也不斷的往我的倉庫裡回鏟，只是祂的鏟子比我的還大！」

付出就像播種一樣，你撒的愈多，得到的收獲就愈多。海倫•萊恩（Helen S • Rice）的詩句：

付出的愛愈多，得到的愈多，
美好的人生，體貼的朋友，
就是我們所付出的，
豐富我們每一天的生活。

「做好事」和「過好日子」是分不開的。

默默的付出，默默的行善，不談條件，不求回報，而當你一無所求，那即使只是一個小小的善行，也將是大大的功德；只是一個小小的善念，也能獲得大大的福報。

好運語錄

「給予即獲得」（giving receiving）這是宇宙最神奇的法則，你給的愈多，所得到的也就愈多。

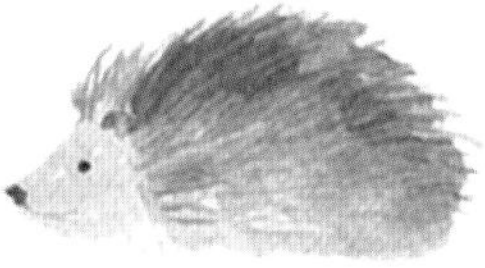

12 先有那個果，因隨之而來

你應該先快樂起來，你的愛人才會更愛你。

是的，先創造出那個果，

然後因就會跟著來。

先快樂起來，你的感情就會更順心，

工作就會更順利；

先快樂起來，然後好運就會跟著來。

我們都知道因果律，有因就有果，生命是因果的連結，你播下一顆種籽，它就會發芽，你種下一棵果樹，它就會結果。果是來自於因，如果你很快樂，那是因為某個人、某些事或某個想法讓你快樂；都是先有那個因，之後才有那個果，對嗎？你的情人很愛你，那是因，然後你覺得自己很幸福，幸福是果，這就是因果關係。

在這章我想反過來跟大家談談「果因關係」，沒錯，是果因，先有那個果，然後因隨之而來。

原因怎麼可能比結果晚發生呢？乍聽之下，一定會讓許多人覺得困惑，這法則要比因果律來的更深一點，沒關係，那就讓我們深入淺出的來解說吧！

「先見之明」還是「倒果為因」？

拿負面思想來說，你是因為遇到壞事，所以往壞的想，還是因為往壞的想，所以遇到壞事？其實，這兩種都成立，對嗎？也就是說，負面思想可能是遇到壞事的原因，也可能是遇到壞事的結果。

是的，結果很可能發生在原因之前。如果你觀察日常生活中發生的事，很快你就會了解許多事是先有那個果，然後因才隨之而來。比方，我們會說：「我要去買水果，因為晚上有朋友會來。」、「我現在就得走了，因為晚一點就會塞車。」，或是「我藏了很多私房錢，因為我怕那天離婚之後一無所有。」在這些例子中，果都在因之前，未來的事件都在事先就產生了結果。

當然，你也可以再反過來說，「藏很多私房錢」很可能正是離婚的原因，這麼說也對。

有一個人在女兒出嫁前夕，特別叮嚀她：「妳過去以後，要設法多藏些私房錢，萬一有天被休掉，妳還有錢可以過日子。」

女兒嫁過去後，照母親的吩咐，不擇手段的拚命存私房錢，很快就被夫家發現，將她休掉了。女兒回到家中，她的母親還很慶幸她能帶回一些錢，並且證明自己當初的見解沒錯。

這到底是「先見之明」，還是「倒果為因」？是先有蛋，再有雞；還是先有雞，再有蛋？沒錯，這兩種都成立。

先果後因

那為什麼要跟各位談「果因」關係呢？原因是創造果比較容易，因為那個果是你可以主導的，結果是看你自己，而那個因卻不是你能完全掌握的。

你工作順利、感情順心，這是因，然後你覺得快樂，快樂是果。那如果不順呢？不順你也就不快樂了，因為你的快樂是來自那個因，而那個因卻不是你能掌控的，對嗎？

如果我說，等到我賺到一百萬我就會快樂，那我將很不快樂，因為我的快樂必須看整個環境因素、依賴景氣狀況，以及一大堆可能的變數，而任何的變數都可能成了我不快樂的因。

如果你說，除非她愛我，我才快樂，那你將經常會不快樂，因為你依賴她，她成了你快樂的因，而那個因是你無法掌握的，那你的心情必然會跟著她起伏不定，你將很難快樂，那是一定的。

我要告訴你：你應該先快樂起來，你的愛人才會更愛你。

是的，先創造出那個果，然後因就會跟著來。

先快樂起來，你的感情就會更順心，工作就會更順利；先快樂起來，然後好運就會跟著來。不管你的快樂是希望得到什麼，一份關懷、一句讚美、一台汽車、一棟房子……

不要等待因，你已經等待夠久了。你應該先快樂起來，然後好事才會跟著來。

施比受有福

先果後因，表明總是先於經驗。你想得到或變成什麼，首先要做的就是讓自己先成為這樣的人，你必須先創造那個果。

我們常說：施比受有福。凡你覺得缺少什麼，就去找比你更缺的人，把你有的給予他們，這樣，你就真正有福了，因為透過給予，你就創造了那個果，你先成為「富有」的人，而這個意念的「表明」將會創造你的實況，使之顯現。所以你付出愈多，收穫也會愈多；你愈發善念，就愈能得善報，想要的一切都將源源而來。

物質是來自念頭，你生命經驗的種種，通通都是你的思想所創造的。你想什麼就創造什麼；你創造什麼，你就成為什麼；你成為什麼，你就表現什麼；你表現什麼，你就會經驗什麼；你經驗什麼，你就想什麼。我們整個靈魂和人生的境遇就是以此為設計的。

我聽說，鬼魂在回到世間投胎之前，會安排一次測驗：「你希望將來常常送東西給別人，還是希望別人常常送東西給你？」

一個鬼魂連忙說：「希望人家常常送東西給我！」

這鬼魂投胎做人，果然都是靠人家送東西給他，因為他終身行乞。

「有所求」的祈禱為什麼難以實現？因為當你祈求某些東西時，就是在「表明」你沒有那東西，你的思想和意念是欠缺某樣東西，所以在現實生活你就不可能擁有那個東西。

藉由感恩，你創造了果

真正的祈禱是感激，而不是祈求。會去祈求的，通常都是有所欠缺的，是不快樂的人，因為他們匱乏，他們不快樂，所以才會去求；快樂的人對所擁有的快樂會感覺心滿意足，他們會充滿感恩。

想擁有你想要的一切，最有效的方法就是感恩，感恩是一種對存在豐富的一種「表明」，同時也是最美的祈禱。而如果我們對渴望的事物預先感恩，將使得它在我們日常生活中出現。

藉由感恩，你創造了果，然後因就會隨之而來。帶著感激，每一樣東西都會成長。你會感到高興說你是受到祝福的，帶著正面的心情，正面的事情將會成長。

幾天前我讀到一則故事：

有個尼姑，她去拜訪一個村子，那個村子就只有幾戶人家，當天色漸漸變暗，她去到那些屋子前面，向那些村民要求說：「請讓我在你們其中一個人的屋子裡待一個晚上好嗎？」

她對他們來講是一個陌生人，而且她所信仰的宗教又跟他們不同，所以那些村民都關起門，不讓她進去住。

下一個村子離那裡很遠，而且天色已經暗了，她又是單獨一個人。所以她必須在野外度過那個晚上，因此她就睡在一棵櫻桃樹下。到了半夜，她醒過來，天氣很冷，冷得她睡不著。她往上看，看到所有的櫻花都開了，樹上開滿花朵。月亮已經高掛在天空，月色很美，她感到無比的喜悅。

到了早上，她回到那個村子去感謝那些拒絕讓她住宿的人。他們問她：「妳為什麼要感謝我們？」

她說：「我要感謝你們昨天晚上沒讓我住在你們這裡，就是因為這樣，我才能夠經驗到這種令人難以忘懷的喜悅。我看到了盛開的櫻花，以及皎潔的明月，那是我以前從來沒看過的。如果你們讓我住在這裡，我就不可能欣賞到這些美景，所以真的很感謝你們。」

這就是感恩的力量，如果你不懂得感恩，你可能整個晚上都在生氣，你可能對那些人產生很多的怨恨和忿怒，以至於你欣賞不到櫻花和明月，你經驗不到那麼美的夜晚。

原來你已經夠幸福了

感恩的振波就像磁石般會把你要的東西都吸引過來。每一次真心的道謝，更多的豐盈和滿足，就會溢滿心懷。當我們懂得去感恩時，你會發現原來自己是那麼的幸福，整個心情也跟著舒坦起來。

有個很好的方法，就是找一本空白頁的書，把值得感謝的事都寫下來。每天用一些時間，比方在就寢之前，回想你今天碰到的好事，任何值得感激的事，把它們都寫在書裡。

寫這份清單時，請在每個項目前冠上「我很感激，因為……」

下面是我的美好事物清單，這些都是今天內發生的——

我很感激，因為今天陽光燦爛，心情大好。

我很感激，因為病人的血栓已經大有改善。

我很感激，因為下班的時候，沒有塞車。

我很感激，因為星馬發行的書已經出版。

記住好事，會讓我們對自己有好的感覺，到最後你甚至不需要有特定的事物來讓你感激，因為你已經學會去注意自己擁有的，而不是注意那些沒有的。

在那一天，當你心情低落的時候，你就可以拿出這本「好書」，回顧一下過去幾個星期、幾個月，甚至幾年發生在你身上的總總好事。你將心存感激，原來你已經夠幸福了。

把要求轉為感激

猶太有段俗諺是這麼寫的：

如果你斷了一條腿，你就應該感謝上帝沒有折斷你兩條腿；如果斷了兩條腿，你應該感謝上帝沒有折斷你的脖子；如果斷了脖子，那也就沒有什麼好擔憂的了。

不論你擁有什麼，你都要很喜樂、很感激；不論你經歷什麼，你都要心存感激。曾有人問我，我的錢被偷、被騙，我欠人一屁股債，有什麼好感激的？我說，你還是應該感恩，感謝你只是錢財的損失，感謝你人是平安的，感謝你不是偷人或騙人的那個人。

當你說你欠一屁股的債，那表示你已經擁有一些東西了，否則你怎麼會負債呢？如果沒有房子，又怎麼會積欠房貸？如果沒有人願意借你錢，你又怎麼會欠錢呢？沒有得到，又怎麼可能失去呢？要失去，你一定必須先擁有，而對於擁有，你難道不該感謝嗎？

你已經擁有那麼多，但是你並不覺得感激，你把擁有都看成理所當然，不知感恩，因而你將一再失去。

一個不會感恩的人將會喪失他所擁有的，如果你不覺得感激，

好運語錄

想擁有你想要的一切，
最有效的方法就是感恩，
感恩是一種對存在豐富的一種「表明」，
同時也是最美的祈禱。
而如果我們對渴望的事物預先感恩，
將使得它在我們日常生活中出現。

那些幸運將會消失；而一個會感激的人，整個宇宙都會幫他更加成長，因為他是值得的。

你有沒有注意到你會喜歡那些感激你、領你的情的人？當某人對你感激，對你所給予的表達感謝，你有沒有注意到你會想給他更多？對上蒼而言，在能量層面上也是如此的。當你真心的感激，上蒼將會給你更多。

真心感謝上天對你的愛，把要求轉為感激，當你愈是感激，值得感激的事就愈多。我說過了，創造果比較容易，你只要先去感激，然後就有更多值得感激的事會來到你身上；先去愛人，然後就有更多的愛會來到你身上；先去給予，那麼你將會擁有更多可以給予。

先果後因。先讓樹木存在，然後就會有無數的果實，就會有無數的種籽。讓感恩成為一顆種籽，所有的喜樂也將隨之而來。

千萬牢記住，要先去感激……即使你一無所有。

13 每樣東西都是從沒有東西而來

每個念頭就像一顆種籽一樣，
在種籽裡面，你無法看到大樹，
但只要你播下種籽，並持續澆水灌溉，
種籽自然會把自己所需的東西，
吸引到身邊來，而成長茁壯。物質的本質並非物質，
而是能量，是我們的念頭。
所以，不管你現在過的是什麼樣的生活，
是落魄潦倒，是病痛悲苦，是一無所有，
都沒有關係，重要的是你的意念，只要你常發正念，
總是往好的想，並深信不疑，那就對了！

現代物理學有一個最偉大的發現，那就是「物質就是能量」。這也是愛因斯坦對人類所做的最大貢獻，他向我們揭示，物質只是能量的一種形式。

這世界上的萬事萬物都是由能量所形成，不管是石頭、木頭、桌椅、你、我，還有包括我們的眼睛、耳朵、鼻子都是由能量所形成。

在佛教經典《般若心經》也提到：「色即是空，空即是色。」我們肉眼所見到的並非真實存在，肉眼看不到的才是真實的存在。說得更明白一點，我們看到房屋、牆壁、身體都不是真實的，它們只是純粹的能量，由於電子的移動速度非常快，以致我們的肉眼看不出來，因而認為它們是一個實體。

物理學家研究了三百年，想找出物質的本質，當他們探索得愈深，就愈感到迷惑，他們簡直無法相信，在物質的裡面竟然什麼都沒有，物質的本質並非物質，而是能量。

你的身體看起來好像是由固體物質所構成，而這些固體物質可以分解成分子和原子，但根據量子物理學，每一個原子的內部有百分之九九．九九九九是空的，以閃電般的速度穿梭在這些空間中的次原子，其實是一束束振動的能量。

這些能量並不是隨便任意振動，振動其實就是攜帶訊息，整個訊息場會把訊息傳送到宇宙量子場，創造物質世界而成為我們所看到的實相。

物質是來自念頭

愛丁頓（Eddington）這位偉大的科學家即說：「我們總是認為物質是東西，但現在它不是東西了；現在，物質比起東西而言更像是念頭。」

念頭，沒錯，物質是來自念頭，是來自我們的思想。如果不是先有飛機的念頭，科技是無法創造出飛機的；如果不是先有寫這本書的念頭，這本書也不會呈現在你的眼前。

如果你剖析一張畫，你會發現它是由畫布和一些顏料所組成，但一幅畫之所以變成美麗的圖畫，並非來自畫布和顏料等物質的總合，它是來自繪者，是來自繪圖者的念頭。如果沒有那個想法，也就不可能有那幅畫。

把一塊方糖放在瓦斯上燃燒，只會產生火光、熱和油膩的碳塊，可是如果把它吃進肚子，卻能創造出許多事物，為什麼？是的，是因為思想，思想把糖所提供的能量變成了梵谷的名畫、台北的一〇一大樓、蕭邦的《波蘭舞曲》和密爾頓的敘事詩《失樂園》，這些都是思想的結果；思想創造物質，這本書的寫作也是來自思想，也是來自一個念頭，至於對於你有什麼影響，也要看你的思想。

你生活所看到的一切都是來自思想，以及你思想所創造的結果。你的肉體、骨頭與肌肉可被還原為百分之七十的水分以及沒有多大價值的化學物質。然而，你的思想卻使你成為你。

一念一世界

我們的每個思想和意念都負荷著不可思議的能量，這些能量會透過各種形式實踐自己。你的思想會創造出疾病，也能治好疾病；你的思想能讓你陷入痛苦，也能讓你離苦得樂。思想創造出善與惡、美與醜、成功與失敗、富有與貧窮、天堂與地獄……。你生命經驗的種種，通通都是你的思想所創造的。

命運（fate），在英文字首的縮寫即為（**From All Thoughts Everywhere**）「來自各處的所有思想」，也就是說，我們命運即是來自我們的想法，我們的想法決定自己的命運。

所謂「一念一世界」。我們是自己命運的創造者，我們外在所看到的一切，正是我們內心世界的呈現。

英國詩人密爾頓在《失樂園》有句名言：「心是居其位，只在一念間；天堂變地獄，地獄變天堂。」千萬不要小看一個小小的念頭，你的任何「起心動念」都可能改變整個世界。現代物理學家說「在微小的原子裡存有巨大的能量。」原子是這麼的小，小到連顯微鏡都看不到，它只是一個推論，但它卻改變了整個世界，日本長崎、廣島就是被原子能量所摧毀的。

正如同原子能擁有如此巨大的能量，你的思想能量也是一樣，相似的能量會吸引相似的能量，形成類似的「能量團」。當這些類似的「團」在宇宙中彼此穿梭、碰觸，慢慢的聚合在一起，也就形成了物質，形成了我們的世界，這即是思想形成物質，也是原子彈形成背後的原理。

每一個思想，即使只是小小的念頭，也會變成一個東西，而每一樣東西在一開始的時候也只是一個想法，也只是來自一個小小的念頭。

所謂「勿以惡小而為之，勿因善小而不為。」不要輕忽你的惡念，說：「我只是無聊亂想；我只是說說而已；我想應該沒什麼關係。」即使是微不足道的火花，也可能燒掉整座森林。

不要小看你的善念，說：「那只是一件小事，不算什麼。」即使是小水滴，最後都可以注滿整個大池子。

人們為善、為惡，都在一念之間，變好、變壞，其實就在一個小小的念頭上。

小小的善念，大大福報

佛陀深知意念的影響力，所以提醒大家說：「不要忽視小惡；火花儘管再小，都會燒掉像山那麼高的乾草堆；不要忽視小善，以為它們沒有什麼用；即使是小水滴，最後都可以注滿大容器。」

生活是由小事所組成的，沒什麼大事，但小事累積起來就成了大事。單單一個小小的善念也許看起來沒什麼，但光是那個念頭即是大大的福報。單單一個小小的動作也許看起來沒什麼，但光是那個行動即是大大的善行。

也許你也聽過：

《心靈雞湯》裡，有一則篇名為「一次一個」的感人故事，日暮時分，有個人獨自一人在荒涼的墨西哥海濱漫步。他邊走邊瞧見遠方有個人，走得愈近，就愈注意到那個人一直彎著腰撿拾某些東西，並將撿來的東西擲到水裡，那人就這麼再三反覆地將東西丟入海中。

當他又走近些，才發現那男人是在拾取被沖上岸的海星，並將其一一擲回水中。

他十分困惑，便走上前問：「晚安，朋友，請問你在做什麼？」

「我在把這些海星丟回海裡，現在是退潮，如果不把牠們扔回去，會缺氧死掉的。」

「我懂了，」他回答：「可是沙灘上的海星恐怕不下千萬，你總不可能把牠們全都扔回去吧！因為實在太多了，所以你再怎麼做還不是一樣？」

那個人咧嘴笑了笑，彎下腰又拾了一顆海星，把海星擲回海裡，回答說：「對這顆海星來說可就不一樣！」

是不是？光是一個小小的善念，就能挽救許多生命。

種籽就是樹木

每個念頭就像一顆種籽一樣，在種籽裡面，你無法看到大樹，但只要你播下種籽，並持續澆水灌溉，種籽自然會把自己所需的東西，吸引到身邊來，而成長茁壯。

物質的本質並非物質，而是能量，是我們的念頭。所以，不管你現在過的是什麼樣的生活，是落魄潦倒，是病痛悲苦，是一無所有，都沒有關係，重要的是你的意念，只要你常發正念，總是往好的想，並深信不移，那就對了！

《優婆尼沙經》裡有一則寓意深遠的故事——

當史維特凱圖從他師父那裡學成歸來時，他的父親給他上了一課。父親告訴他：「史維特凱圖，你到外面去摘一顆水果來。」

他立刻出去，帶回來一顆水果。

父親說：「把它打破，看看裡面有什麼？」

「裡面有很多種籽。」

「嗯！很好，」父親說：「現在拿出一粒種籽，然後打破它，再看看裡面有什麼？」

他說：「什麼都沒有。」

父親說：「每一樣東西都是從沒有東西而產生出來的。這棵大樹，大到可以讓成千上百的人在底下乘涼，也是從一粒種籽生出來的。你打破種籽，在裡面找不到任何東西，這就是人生的奧妙——每一樣東西都是由沒有東西產生出來的。」

種籽就是樹木，它只是一棵尚未顯示出來的大樹，所以不要認為種籽很小不重要，同樣的，也不要認為只是一個念頭不重要。其實你的命運，你生命中所有的境遇就決定在這些你沒有「意識到」的念頭上。

別忘了，每一樣東西都是由沒有東西產生出來的。

好運語錄

每個念頭就像一顆種籽一樣，
在種籽裡面，你無法看到大樹，
但只要你播下種籽，
並持續澆水灌溉，
種籽自然會把自己所需的東西，
吸引到身邊來，而成長茁壯。

14 原來你就是那個「神」

大家要「向內求」。
當你不斷向內找，從外在轉向內在，
慢慢地你將發現，原來你自己就是那個「創造者」，
原來你就是那個「神」。
宗教常說的神性與佛性，
簡單的說其實就是創造性。
我們的命運是自己創造的，
我們並不受因果業障的擺布；
相反的，因果業障也是由我們自己創造出來的。
我們並不是受害者，而是創造者。

每個人都是一個「訊息場」，你會發出訊息，也是訊息本身。也就是說，當你心裡產生了一個念頭，就會透過念波（電磁性能量）傳送出去，到達浩瀚的宇宙量子場。而當量子場接收到一波波從你那兒發出的意念，該意念便會自動在你身上實現。

比方，你相信「人生不如意事十之八九」，你這個訊息發出去之後，就會吸引到那些「同樣念波」的人，或遇到「同樣頻率」的事，因而諸事都不順。然後當你真的很不順遂，又更強化了這個意念，吸引更多這樣的人和事。結果，你所遇到的事果然十之八九都是不如意。

幾乎大多數人都覺得錢不夠用，所以一直想著要有錢，但結果還是沒什麼錢，你知道這是怎麼回事嗎？因為當你一想到錢，意念想到的是「不夠」，注意到的是自己的匱乏，結果「你的意念集中在哪裡，就會得到什麼」，「你發出負面的振波，就會吸引負面的事物」講到這裡，你知道了吧！這就是你沒錢、匱乏的原因。

問題就出在你的意念，意念表明什麼，你就會經歷什麼。

如果你認為你很窮、你都賺不到錢，那你將很難賺到錢，即使讓你賺到，不久你也會因某些事而破財。總之，到頭來你還是很窮。因為你的「意念」都充滿著「窮」，又怎麼會有錢？

你知道想減肥的人，為何減不了肥，或是減下來不久又胖回去？因為他整天「想的」是「肥」，對嗎？他的意念所想的是，自己「胖」，而不是「瘦」，所以一切正如他所想，他還是胖嘟嘟的。

我們的每個思想和意念都負荷著不可思議的能量，這種能量會透過各種形式實踐自己。如果你認為自己很優秀，很有才能，你就會有傑出卓越的表現；如果你認為自己一無是處，那麼你的表現自然也就平庸碌碌、乏善可陳。

思想和意念可做為一種工具。可以為「發送者」發出好的或不好的訊息；也可以為「接收者」接收到好的或不好的結果。最重要的一點是，整個宇宙無時無刻都在接收你傳出的訊息，你最常動念的事，不論好的或壞的，不論正念或惡念，都將會變成你的真實人生。

所以，如果你不喜歡現在的境遇，你也可以透過改變你的意念來改變你的未來。只要先把經歷之前的「你」改變，之後的「你」也就不用去經歷了。

關鍵就在你的意念

所謂「思於天」（你的意念）、「形於世」（外在物質世界的實相）。每一個意念都是一個訊息，都會創造一個結果。正向思考得正面結果，負向思考得負面結果。有些人去問神、去找人算命，最後事情一一應驗，便以為神算奇準。殊不知真正的原因，是他的「意念」，是他相信了他們的話，自己就不自覺的朝向「預言」的方向走，當然最後也就成真。

醫生們常會質疑他們是否應該告訴絕症病人他們的死期將至，這曾引起各方的爭論，原因就出在，他們擔心「預言」很可能使死亡成為一個事實。

一個受到催眠的人，能毫無疑問地相信自己的手臂重得舉不起來。一旦他完全相信了，他就真的無法舉起手臂。一個相信自己沒救的人，他就真的無藥可救；一個相信自己有救的人，即使是一杯「清水」，他也能因而得救。關鍵就在我們的意念。

相信許多人都聽過法國「羅德斯聖水」（Lourdes Holy Water）的故事，許多明明被現代醫學診斷為無法治癒的病例，卻藉由聖泉水而康復。為什麼？沒錯，是病人的意念發生了作用。對一個信徒來說，一個標示「羅德斯聖水」的瓶子，即使裡面裝的是自來水，也有治療的效果。

醫界使用安慰劑由來已久，安慰劑說白了就是假的藥，在它裡面沒有任何醫藥的成份，有些只是一顆糖錠，但只要醫生告訴病人這是藥，那它就會有療效，有許多病人真的被醫好。

在門診，我也看過很多因「意念」而影響療效的例子。

最常見的是，醫生在開處方時，說出類似的話：「試試看，這些藥應該有點幫助。」那效果將會大打折扣。

可是，如果醫生在開處方時，肯切的告訴病人：「這是目前最好的藥，每個用過的人效果都很好，你可以試試看。」那麼效果就會大增。這也正好可以解釋，為什麼有些藥價錢愈貴，醫生的收費愈高，病人的治療效果就愈好的原因。

讓我們再想一想咒語、法寶、護身符、幸運標誌以及其他人們所信仰的小飾品，這些東西為什麼會有「法力」呢?沒錯，是因為「意念」，是人們的信仰賦予了它們保護的作用。

向內求

人們求神拜佛、向上天或上帝祈禱，後來應驗了，那也是因為你相信，你的意念創造了你的實相，所以我們常說：「心誠則靈」。當你意念專一，求什麼，就得什麼。耶穌基督說：「走你自己的路，然後事情會和你相信的一樣。」

換言之，我們也可以說：「信則靈」。許多大師已領悟到這層道理，他們深知意念的巨大力量，了解如何操控能量與物質，悟到原來自己的意念正是創造物質世界所看到的一切。所以他們一再叮嚀大家要「向內求」。當你不斷向內找，從外在轉向內在，慢慢你將發現，原來你就是那個「創造者」，原來你就是那個「神」。

宗教常說的神性與佛性，簡單的說其實就是創造性。我們的命運是自己創造的，我們並不受因果業障的擺布；相反的，因果業障也是由我們自己創造出來的。我們並不是受害者，而是創造者。

我常說，你是什麼樣的人，就會遇到什麼樣的事。反過來我們也可以這麼說，你遇到什麼樣的事，我就知道你是怎麼樣的人——是的，從果子就知道你種的是什麼樹。你會碰上哪些人或扯上哪些事都是因為自己的緣故，是你創造了它們。

所以，不要怨嘆，不要去抱怨說為什麼你總是遇到這樣的事，你應該反過來「向內求」才對。

許多為惡夢所苦的病人常會問我：「為什麼我總是惡夢連連，要怎麼改善？」

「要改善，唯一辦法就是要改變你自己，」我說：「你的惡夢是你在白天的所做所為，是你在入睡以前的思、言、行所創造出來的。惡夢只是一個反映，日有所思，夜有所夢，如果你的白天是和諧的、是平靜的、是充滿喜樂的，就不可能會有惡夢。」

同樣的道理，你生命中所遭遇的總總「惡夢」也是一個反映，是一面鏡子，讓你能反觀自己的過去，讓你有機會去彌補過去的錯誤，並藉由改變自己，來改變往後的命運。

人活在痛苦中，並不是他命定要活在痛苦中，而是他不了解自己的潛能以及成長的可能性。就是這個對自己的不了解創造出不幸、災難、苦惱……和一團糟的世界。

事實上，人人都具有創造性，上天給予我們創造的工具，就是我們的思、言、行，你的世界即是以此來創造的，不管你現在是活在天堂，或是過著地獄般的生活，要記住，你是一個創造者，這都是你的選擇。

現在，你正在送出你的念波，從你生命的中心把訊息傳至宇宙，你所說的每一句話，所想的每件事，以及所做的每個行為，都具有強大的能量，你所發射的振波、波長、速度與頻率，都隨時跟隨你的思想、行為、語言、情緒而變化。世界是你的延伸，你的世界是你每個意念的具體化，明白了嗎？你就是那個創造者。

我們一再輪迴到這個世界來學習，所要學習最重要的一課，就是要認出自己內在的神性，要領悟到我們的創造性，當你了悟了這層，你也可以成為神佛，也可以為自己創造出一個全新的世界。

好運語錄

對一個信徒來說，
一個標示「羅德斯聖水」的瓶子，
即使裡面裝的是自來水，
也有治療的效果。

15 變好變壞就在一念間

文字是紙上的語言，思想是無聲的語言，
語言則是有聲的思想。
這即是為什麼我一再強調大家要多說好話、
要有好的念頭。
特別是念頭要良善、要正面，
因為，變好變壞就在你的一念之間。
所以，你也要常發正念。

當你咬一口檸檬時，你的嘴巴會分泌許多唾液和消化酵素，這是正常的生理作用，並沒有什麼稀奇。但是如果你只是看見一顆檸檬，或是在腦子裡想著「檸檬」這個詞，又會發生什麼情形？同樣地，你的嘴巴會分泌唾液，也會產生消化酵素，是不是很神奇？

假如有人對你說「我愛你」，你的內心立刻猶如小鹿亂撞，此時你的情感將轉化成腎上腺素分子，灌注至血液裡，喚醒心臟細胞外的感覺接受器；接著，你的心便開始跳動得厲害，以表示對愛的反應。

為什麼會有這些反應？我們的身體怎麼知道要對「愛」這個字做出興奮的回應呢？這個難解的問題，直到我讀過《大紀元時報》的「水結晶專題」得到了解答。原來我們所用的文字、所說的言語和所有的意念都帶有訊息的能量。

現為日本 IHM 研究所所長江本勝博士（Masaru Emoto）等人也曾以高速攝影技術來觀察水結晶。他們發現帶有善良、感謝、神聖等美好訊息，比方讓水看愛和感謝的文字，會讓水結晶成美麗的圖形，而怨恨、痛苦、焦躁等負面的訊息，會出現離散醜陋的形狀。

如果一句好話、一個良善的意念會讓水出現如此不同的變化，那對其他的東西呢？鑑此，大紀元時報編輯部特別規劃了「校園善念實驗的專題」，在許多學校開始展開「實驗」，其過程和得到的結果非常令人振奮，我直覺一定要把這個訊息告訴更多的人。蒙曹社長的首肯，現在，我就將「校園善念實驗」全文刊載，也邀請大家一起分享「善」的訊息。

好運語錄

如果你只是看見一顆檸檬，
或是在腦子裡想著「檸檬」這個詞，
又會發生什麼情形？
同樣地，你的嘴巴會分泌唾液，
也會產生消化酵素，
是不是很神奇？

愛是所有生命強壯的答案

大紀元編輯部

愛與感謝是祝福，是力量，更是人人生命過程中不可或缺的營養。

我們遠離體罰，明白不善的言詞對於人我之間的斲傷，時刻提醒自己不要將任何疼痛加在孩子的身上與心上。過去，人們並不一定了解辱罵與冷漠的可怕，現在，大紀元邀請您一同分享校園師生的實驗成果，見證一念之善的驚嘆與一念之惡的災難。

實驗簡介

時間：九十二年一月七日至一月十七日，共十天
地點：桃園市青溪國小
老師：梁淑萍

學生：李薇、馮玠語、蔡欣凌等人

目的：為了解不同的意念與行為對於玉蘭花產生的影響改變，特別進行這一項實驗。

材料：玉蘭花三串

實驗過程

一、將玉蘭花分別掛置在教室的前門、左後門與右後門的牆壁上。

二、請三組同學分別對讚美組、批評組和不理組的玉蘭花發出不同的訊息。

三、每天觀察、記錄玉蘭花在花朵、葉片、氣味各方面出現的詳細變化，並於每日上午八點至九點間照相存檔，比較三組玉蘭花的差異。

給讚美組的話：

「你越來越好看了」、「你越來越香了」。

給批評組的話：

「你很噁心」、「你很醜」、「你好臭喔」。

給不理組的話：

實驗期間，沒有對玉蘭花發出任何訊息。

實驗結果（十天後）

讚美組：花朵、葉片仍相當完好，也散發出淡淡的清香。

批評組：花朵、葉片明顯的枯萎，散發出來的味來酸酸的。

不理組：花朵、葉片都枯萎了，也聞不到玉蘭花的香氣。

實驗感想

老師：梁淑萍

大學畢業出來教書至今，已達十餘年，算是有一套自己的方式和風格，我教的學生，一向被別班老師誇獎為是守規矩、乖巧的一群，但我自己內心深處總覺得有什麼地方不妥。像學

▲不理組：
枯萎、聞不到花香

▲批評組：
枯萎、有酸味

▲讚美組：
花朵、葉片仍然相當完好

生吵鬧、缺交功課等，我有一套嚴格的班規處罰；甚至於有時不必動手或動口責備學生，他們光看我的眼神，就知道自己做錯事而把頭低下。曾有一段很長的時間，我以為自己這樣就已經很好了。

在幾個月前，我班上受《大紀元周報》的影響，開始做關於善念的實驗。剛開始是做飯的實驗，把飯分成三組：讚美、批評和不理，全班在下課時分別對飯做讚美、批評等動作，看看會有什麼結果。當然，實驗結果和日本學者做的是雷同。（詳見大紀元網站五十八期新思維水結晶系列報導）我當時心裡很震撼，才短短一個月就有這麼大的變化和差異，那麼，身為老師的我，每天跟學生們相處，卻天天口無遮攔的對著學生們訓斥，那他們不就和那碗被批評的飯的結果是一樣的嗎？

我覺得好內疚、好難過。但是，雖然明白這個道理，一下子要改變卻是不容易的。每天上班前，我再告誡自己：要多讚美、少批評，但一進教室，同學們告狀的告狀、缺交功課的一堆，真是一早就想罵人。現在儘管我還是會忍不住的責備學生，但不同的是：我也會讚美學生了，而且愈來愈多讚美，愈來愈發自真心讚美。漸漸地，我發現：我竟然也能感受到讚美別人時，對方愉悅的心情回傳給我的那種快樂感覺。

這次有機緣做玉蘭花的善念實驗，聞著沁入人心的被讚美的玉蘭花香，我知道這是再一次提醒自己：少批評、多讚美學生。雖然我不曉得執著的那一面能改掉多少，但我知道自己會愈來愈懂得發善念去對待身邊的人了。

小朋友們這麼說：

李薇：這種「齊發善念」的實驗，相當有趣。「讚美他」和「批評他」就有很大的差別。像氣味，「讚美他」的花聞起來就香香的；「批評他」的花聞起來就有種酸酸的感覺。「讚美他」的那串花，葉子始終很有精神、很健康、沒有任何斑點；而「批評他」和「不理他」的那些花的葉子就一天不如一天，後來還出現枯萎、有斑點的跡象。

這個實驗讓我學到讚美任何一種事物，不論他看起來是否有生命，只要我們讚美，他就會變得更好、更完美，所以我們應該要常讚美周圍的事物，而不是只批評。

變好變壞就在一念之間喔

鄧乾佑

說完「日本人對著一杯都市裡的髒水持續發出良善的念頭，能讓散亂的水分子變成完美的水結晶」這個實驗不久後，我和孩子們就在〈大紀元時報〉的邀請下開啟了運用意念的神奇旅程。

我們選擇了蘋果、饅頭、棗子等食物，持續八天，每天三次三分鐘定點定時的對食物發出正、負面念頭，兩組在前三、四天幾乎沒有看到什麼大變化，小朋友半信半疑的問：可以順利完成實驗嗎？我便藉機鼓勵小朋友要有信心，雖然實驗的結果我們都不知道，但最可貴的是過程中，大家都能堅持下去。

實驗的差異到第七天就變得很明顯；發出不好念頭的食物不是大量長黴、脫水變形就是發出刺鼻腥味，小朋友捂著鼻子都不敢靠近；而發出善念的雖然也有長黴的情況，但區域很小，異味也不明顯，蘋果甚至發出了發酵的香味，這樣的結果讓參加的小朋友都很興奮，嚷著說：下一次還要讓它們聽美妙的音樂，看看是否變壞的會好起來！我們真的證實了人的想法好壞，確實會對周遭的環境帶來正面或負面的影響。

從實驗中我們知道平時的一思一念真的對自身健康影響甚巨，當保持平靜祥和的心態和積極正面的思考，就能讓體內百分之七十的水接受良善的思想，神清氣爽，反之，如果時常憂心忡忡或易於憤怒，長久下來，健康狀況必然亮起紅燈。我想：如果我們能常保愛心與耐心，對孩子一時落後的表現或錯誤給予包容，在挫折時引導正向思考給予鼓勵，孩子一定也會感受到為他好的用心，重新建立自己的信心。

在龜兔賽跑中，起步慢的不一定晚到終點，不是嗎？

實驗簡介

時間：九十二年二月十一日至二月十八日，共七天

地點：桃園縣楊梅國小

老師：鄧乾知

學生：芳慈、雯琳、新喬、郁雯、相柔、筱芬等人

材料：蘋果、棗子、饅頭

實驗過程

一、對上述食物發出好的念頭（你很棒、我很喜歡你、謝謝你）。

二、壞的念頭（你好醜、我討厭你、不想再看到你了）。

實驗結果（七天後）

	好的念頭	不好的念頭
饅頭	長了三點黴，部份呈粉紅色，純白色的菌絲，很漂亮。	大部份都長黴了，有腐爛味。
棗子	長一點黴，大部份保持新鮮。	全部長黴，脫水、潰爛，發出臭味。
蘋果	發出果汁的香味。	有點臭、淡淡的蘋果味。

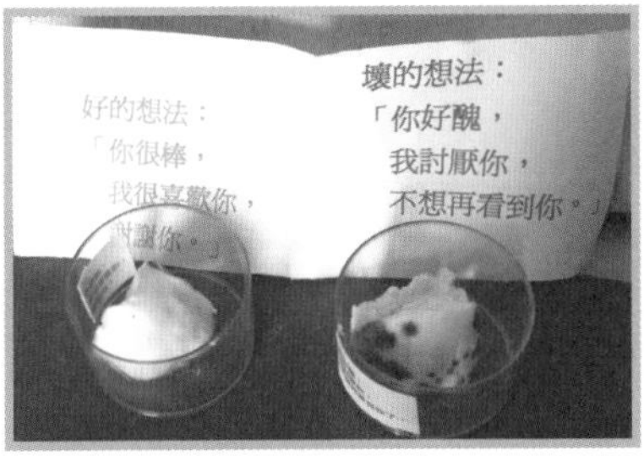

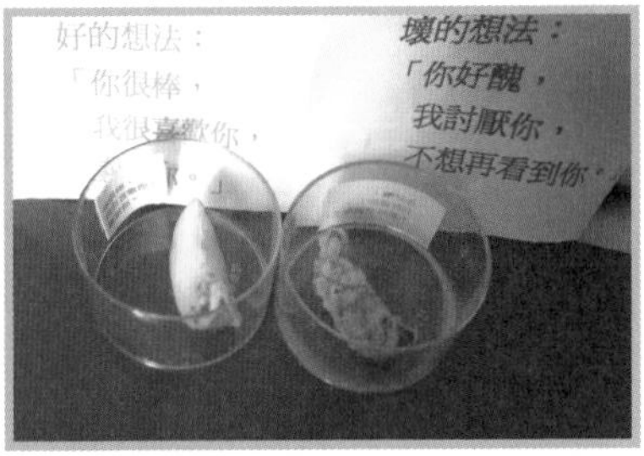

▲（左容器內）好念頭下的物品外觀都很漂亮，與壞念頭（右容器內）形成的可怕模樣成強烈對比。

小朋友們這麼說：

芳慈、新喬、雯琳：看了老師提供的水結晶報導，起初是完全不相信的，而且認為那一定是騙人的，我抱著懷疑的心來做這個實驗，經過了一個星期的時間持續發出念頭後，蘋果、棗子、饅頭的變化真的很大哦！

發出壞念的那一組，食物都變壞長黴了，發出惡臭；而發出善念的只有一點變壞，像蘋果還發出果汁的香味，白饅頭也有粉紅色的黴，開始做時還不太相信，看到這樣的結果，我才真的相信花草、水果或水等東西都能聽到聲音，它們好像也能分辨說的是真的或是假的。

我發現不管是植物或食物當聽到感受到好的聲音，它們就不容易發臭，而且能保存長時間；聽到或感受到不好的聲音，它們不但發臭，而且長黴得很嚴重。這種結果如果不是自己做出來的還真是很難相信呢！難怪當我心情很好的時候，喝水就感到特別好喝。

自然界神奇的現象不只這些，可能還有很多是我們想像不到的，所以平時要多觀察，才能知道這些事喔！

校園善念實驗㈢

愛我不要罵我

楊秋南．宋兆裕

有怎樣的師長，就有怎樣的學生

「批評易，讚美難？」這是一開始實驗後，我深切的感慨。因為實驗前與學生們分組討論時，孩子們竟爭先選擇「批評組」，而且很快就出口成「髒」，但「讚美組」卻乏人問津。我不禁懷疑，孩子們已習慣喜歡說狠話，但吝於讚美別人了嗎？

常聽人家說：「有怎樣的父母，就有怎樣的小孩」，還有：「有怎樣的師長，就有怎樣的學生」，而今孩子們習於批評他人，甚至樂於指責，這是不是老師身教的結果呢？身為老師的我，是否長期疏於提供正面學習的典範？想到這裡，我不禁感到汗顏。

了解就能寬恕

實驗後，我體會到：「讚美」對於水、飯、水果、花卉……等都能起到莫大的作用，所以應該調整對人、事、物的心態，並儘量設身處地為他人著想。因為「了解就能寬恕」，「夠多的愛，便能包容」，我想，這便是教導的智慧。尤其我是一位教師。

所以我開始注意孩子們好的表現，並掌握適當機會多讚賞他們；在處理學生的偏差行為時，也能心平氣和地去了解與包容。結果，我真心誠意的賞識，往往讓小朋友眼神為之一亮，而且在羞怯的笑容背後，隱藏的是他們內心無限的歡喜……。在溫馨的互動過程中，我彷彿看到孩子們拾回自尊，臉上也綻放出自信的神采。縱使是那個桀傲不馴、經常不交作業，令我十分頭痛的學生。

在我調整教導態度之後，學生們也逐漸地能體會出

▲ 由左至右依序是讚美組、批評組和不理組。

我的善意，因而表現出從未有的禮貌，我想這是一個很好的開始，感謝「善念實驗」為我及學生們都上了很寶貴的一課。

能分辨讚美與逢迎之不同

實驗過程中有位小朋友說：「讚美就是拍馬屁嘛！」可見他不明白讚美的真義，我藉此機會引導學生們思考這兩者的差異，後來小朋友們的心得是：

「讚美別人是從內心欣賞對方，而拍馬屁是為了巴結人家，希望得到好處。所以讚美和拍馬屁是不一樣的。」（峻賢）

「讚美是誠心誠意的，而不是刻意去做的；但拍馬屁有可能是為了讓他人開心，也可能為了奉承人家。」（淑棻）

「拍馬屁是小人用的，而且只是這樣說，心裡卻不這樣想。」（攸婷）

可見，孩子們已經能體會到，說話時要帶著真心誠意了。靖珮就反省道：

「我第一次跟棗子說話時，只是隨口說說，但老師看到後要我們要真正用『心』唸，那時我就想：『好！我試試看。』沒想到，奇蹟真的發生了！原先棗子竟然還青綠依舊，而罵他和不理他兩組的棗子，有幾顆卻已經腐爛了。」

實驗簡介

時間：九十二年一月二十一日至二月七日，共十八天

地點：屏東縣東寧國小

老師：楊秋南、宋兆裕

學生：淑蓁、彩玲、靖珮、韶婕等共十二位

材料：棗子三盤（重量都是六百克）

實驗過程

對三盤棗子分別發出以下訊息：

讚美：可愛又漂亮的棗子，看到你就很高興，因為你是我的快樂天使！

批評：又扁又爛的棗子，長得那麼醜，還不趕快給我去死！

不理不睬：不對棗子發出任何訊息！

實驗結果（十八天後）

讚美組：有三顆棗子仍然有青綠色澤，重量約四百九十克。

批評組：全都變成黃褐色，重量約四百八十克。

不理組：全部轉為深褐色，而且長霉發臭，重約四百六十克。

小朋友們這麼說……

伯念：無論人事物，都有一種感應……我終於知道了說好話的重要。

怡玟：我發現平時大家都很少說讚美的話，我應該也是這樣吧！呵呵，要改一下才好！

姿惠：善是多麼好的一帖良藥啊！如果人人都能發善念或者講好話，世界就會和平！

似酒?發酸?全在一念之善!善念送給你

孫麗珠

當了二十多年的級任老師，經常在親師通訊上寫上「孩子永遠朝讚美的方向發展」、「在批評中長大的孩子學會抱怨，而在讚美中長大的孩子則充滿自信」……等文字與家長互相勉勵。但一踏進教育現場，這些理想或高調似乎就消失得無影無蹤了。孩子的純真、善良常變得微不足道，衝口而出的往往是自己最不願意聽到的負面言詞，然而在「愛之深，責之切」、「老師是為你們好」這些保護之下，我依舊批判著學生，要求他們至少要達到我設定的最低標準。但結果也一直不如我預期。

當知道大紀元時報徵求做善念實驗時，我很想試試，因為人愛聽好話、喜歡被稱讚，這容易理解，可是水、米飯這些，對我而言應該是無生命的東西，怎麼可能聽懂呢?於是和任教自然領域的同事張玉華老師商討，並請教如何才合乎科學精神，沒想到張老師興致很高，並且決定一起共襄盛舉！

而實驗結果真的與日本江本勝博士的研究相同，米飯它果然能「感受」到我心聲！當我對它發出善意、真誠的讚美時，它的菌絲分佈是多麼的祥和、美好呀！就像一朵朵潔白的雲；而被我棄之一旁的可憐忽視組，下場卻是比批評組更加醜陋、不堪。

當我重新審視實驗記錄時，發現這三瓶對照組在前五、六天的實驗結果很相似，根本沒有很大的差異；但到第十二天時三瓶就有了很明顯的差異，接下來幾天的結果就更是迥然不同了。我也體會到小學一年級的孩子們就像那三瓶米飯一樣，在前五、六天內，不管我的批評或讚美，雖然孩子內心裡已有不同

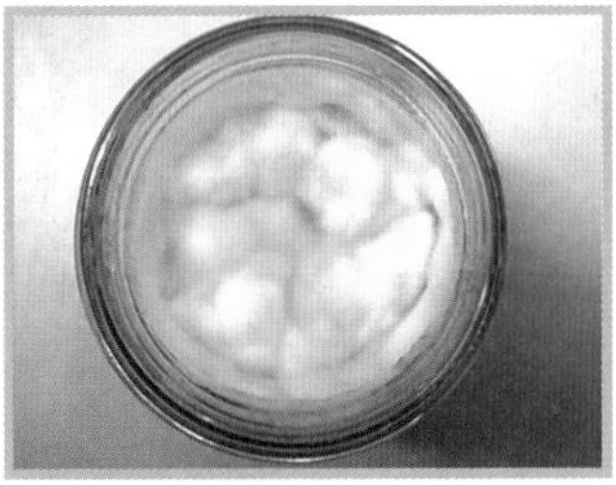
▲讚美組

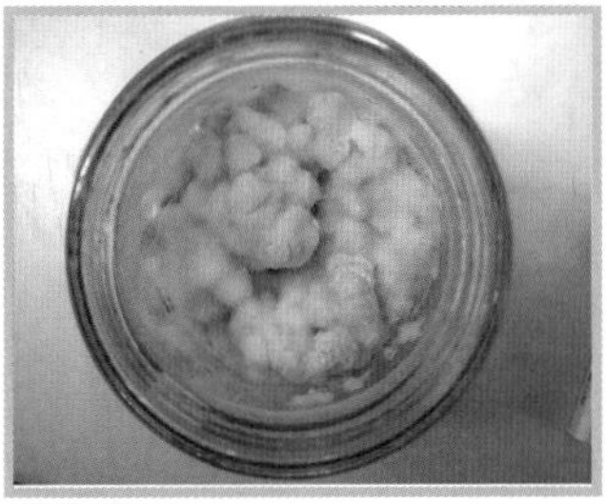
▲批評組

▲忽視組

反應，但表面上卻不敢表現出來。而當孩子長大後，他在兒童時期所接收到的老師意念，已逐漸地在他人生發酵了；究竟是香醇似酒、令人回味無窮，抑或是刻薄似醋、令人發酸反胃呢？在這不同的境遇中，我這位教師，在孩子們的童年期，確實起到了關鍵性的影響呀！

頓時我才恍然大悟：為何明明知道善念對孩子們是如此重要，卻一再用批判的態度來對待這群純真的孩子！原來我仍根深蒂固地緊抱著「棒下出孝子」、「不打不成器」這種立竿見影式的教導。因為孩子們如果都安安靜靜的在我掌控中進行學習，那是一件多麼輕鬆且「有效率」的教育方式呀！但我並未深入探究我的一言一行、甚至意念對他們心靈所造成的影響，這也是我長期教學的盲點。

雖然每一屆學生我只擔任二年的班導師，但我相信我對他們的影響在某一部份卻是一輩子的，這個影響目前可能看不到，但並不表示不存在，身為教師的我不可不慎呀！

張玉華老師

感謝有這樣的機會做此實驗，深切體會到人應該時時保持正向的意念，對別人和自己常說正向鼓勵的話語，這樣對人、對已都有莫大的助益哦！

實驗簡介

時間：九十二年一月十七日至二月二十日，共三十五天
學校：高雄市瑞豐國小
老師：孫麗珠、張玉華
學生：郭沛妤、郭奐均
材料：米飯三份（重量相同）、廣口瓶三個

實驗過程

一、將米飯分別放進瓶子裡，瓶子加蓋。
二、早晚分別對讚美組、批評組和忽視組發出不同的意念。

- 讚美組：「你很棒」、「謝謝你」。
- 批評組：「你真差勁」、「你是個大笨蛋」。
- 忽視組：不發出任何意念。

實驗結果（三十五天後）

讚美組的雪白菌絲仍呈花朵形狀，且聞到一股發酵過的釀酒味道，香醇而不發酸哦！另兩組對照瓶雖有發酵味道，但還是有所不同，請參照圖片可清楚辨識其中的差異。

※小插曲

第二十六天時觀察讚美組，其表面除了雪白的絲覆蓋之外，彷佛呈現一個「米」字型的圖案，樣子很像中間有一朵白雲而圍繞在其四周有八朵小白雲喔，可惜當時沒法馬上拍照。

小朋友們這麼說⋯

郭奐均：媽媽咪呀！那瓶我們又沒罵他的米飯怎麼變得那麼醜，好可怕唷！

郭沛妤：做完實驗，感到不可思議，怎麼會這樣呢？這是我從來沒有想過的。想想平常心情不好時，不知偷偷罵了多少的話，那我不就和那瓶米飯一樣變得又醜又可怕了嗎？老師說：「對呀！所以我們平常要說話前一定要先想一想啊！」我以後一定要提醒自己，我才不要變成人見人怕的醜八怪呢，我一定要「心存善念，口說好話。」

善的力量竟讓豆芽起死回生，真心的讚美是最天然的防腐劑

潘嘉琳

實驗過程中，由於我個人的疏忽，造成一個驚人的轉折，令我們師生有更深的觸動！經過是這樣的：實驗的第一天冷鋒來襲，下午開始起風，但因週三進修，也疏忽了對豆子的照顧，等到下班前才發現靠窗邊的「讚美組」，根部有些萎縮，當時心情為之一沉，對實驗有點失去信心。但是，事實已造成，只得靠小朋友的善念囉！

實驗的第一週，「不理它」組比起其他二組，有明顯的成長遲緩，但是「先天不良」的讚美組，也果然落後於批評組。孩子們帶著失望的口氣問我：「老師，批評的豆子怎麼會長得比讚美的豆子好？」，我也只好故裝鎮定地說：「那我們就要更真心的讚美呀！」

在這期間，有其他學校實驗成功的老師打電話來關心，當得知我不太有信心時，

給予我很多的鼓勵，告訴我只要學生態度正確（不是開玩笑的態度），真心做實驗，一定會成功，且舉了許多照正確方法做，幾乎百分之百的成功例子，使我受到很大的鼓舞，也指導學生更用心的實驗。

第二週以後，情勢果然有了逆轉，「讚美」組，漸漸後來居上。第三週「讚美」組已「亭亭玉立」，遙遙領先「批評」組。而「不理它」組依然是像小媳婦一樣畏畏縮縮伸展不開。對於這樣的結果，使孩子深刻地感受到「善念」的力量，是如此神奇偉大！而「冷漠」的傷害，更甚於批評。

萬事萬物皆有感知，相信只要每個人都保有純淨的心靈，散發良善的訊息，一定能使世界更加美麗！

實驗簡介

時間：九十二年二月十二日至二月二十八日

地點：台中縣東平國小

老師：潘嘉琳

學生：一年三班全體

材料：綠豆

實驗過程

一、取三個培養皿，分別種下三顆大小相仿的綠豆，每天澆等量的水。

二、對三盤豆子分別發出以下訊息：

讚美：你們真是健康漂亮的豆子。

批評：真討厭。

不理：不對豆子發出任何訊息。

實驗結果（十七天後）

讚美組：長得「亭亭玉立」，姿態高挺，充滿自信的模樣。

批評組：明顯成長較遲緩。

▲由左至右依序是讚美組、批評組和不理組。即使先天不良，但是讚美組還是長得最好。

不理組：矮小且無法直立。

小朋友們這麼說：

品妤：很好玩，豆子聽懂我們的話耶！

方荳：老師，野花野草長那麼高，是不是因為蝴蝶、蜜蜂常常關心他們和他們聊天呀？

國榮：我要對弟弟好一點才對，不然他會長得和被罵的豆子一樣矮。

溏歆：我家樓下的小狗，都喜歡跟在我和姊姊後面散步，原來牠知道我們也喜歡牠喔！

宛婷：老師，如果小朋友打架，你不要生氣，要一直想他們不會再打架不會再打架，那他們就不再打架啦！

善解人意的饅頭

羅翎尹

很高興能參與這個有意義的善念實驗，之前看了其他人的實驗結果也很驚訝，但卻不如自己親身體驗來得深刻。饅頭能感受我們的意念，真是不可思議！「不理它」的饅頭，就像個自暴自棄的小孩，開始將自己包圍在黑暗中，活在自己狹隘的世界裡。「你很臭」的饅頭，外表有起黑色的一塊塊的黴斑，就如被罵的孩子一樣，在他心裡留下不可抹滅的陰影。

被稱讚「你很可愛」的饅頭白白淨淨的，展現著一份清爽自在的氣息。這樣的結果給予我很大的警惕，以前的自己常會以嚴厲口吻告誡小朋友，現在已慢慢開始以柔性口語指出學生的錯誤，但有時仍不免忘記，事後總反省良久。但想想連饅頭都能接收我們的訊息了，更何況聰明的孩子呢？誰無犯錯，告知懂事的他們錯在哪裡，並要求其改正即可。但態度、語氣的拿捏真的很不容易，這是一件很大的功課，也只有不斷考驗、思考、改進、學習，才能使自己更好吧！

實驗簡介

時間：九十二年二月十七日至二月二十七日
地點：台中縣東平國小
老師：羅翎尹
學生：五年十班全體
材料：饅頭

實驗過程

一、用三個相同器具，分別放入饅頭並用錫箔紙封起來。
二、將饅頭分成讚美組（你很可愛）、批評組（你很臭）、不理組（不理不睬）。
三、全班每天早上、下午二次分別對讚美組、批評組發出不同的訊息。不理組則置之不理。

實驗結果（十天後）

讚美組：除長三點不明顯的黴斑外，看起來仍純白完好。

批評組：大部分都長黴了，僅剩一小塊白色部分也裏上一層綠綠的黴絲。

不理組：幾乎是整個被黴絲緊緊的裹住，黑烏烏的一團，樣子十分可怕。

小朋友們這麼說⋯⋯

聖融：好驚訝喔！饅頭竟然聽懂我們的話，那我們絕不能對人家謾罵或冷漠。

玄皓：我想以後我對朋友要親切一點，我的朋友才不會變成像黑烏烏的饅頭一樣醜。

佳玟：我們的意念連饅頭都懂，那對人的影響就更不用說了。我想要對姊姊好一點，看她能不能也變溫柔一些。

志維：太神奇了，我有點畏縮，可能是因為姊姊常罵我的緣故吧！我要請姊姊不要再亂罵人了。

玉淳：看了饅頭的反應，我很慚愧自己對弟弟有不好的態度，我想要改善對弟弟說話的口氣，多讚美他的優點，那他一定會越來越好。

聖融：看到那白白淨淨的饅頭，我想最天然的防腐劑就是——真心的讚美囉！

飯飯聽得懂我的話

鄭舒云

這次的實驗，對二年級的孩子來說，時間有一點長（共計十二天），以至於大多數的小朋友，並沒有很仔細地去觀察米飯發霉的變化，有點可惜。不過小朋友大都一致認為：「飯聽得懂他們說的話」，並且，覺得說好話和說壞話會對飯產生不同的影響，長出不同顏色的黴菌。

實驗一開始，我先讓小朋友看水結晶實驗的圖片，讓小朋友瞭解到，我們說的話和心裡想的念頭都是有力量的，好的念頭和話語會帶來好的影響，水結晶變得非常美麗；相反地，不好的念頭和話語則會產生不好的影響，使水結晶產生結晶。之後便在三個班級同時進行實驗。

經過十二天的觀察，我發覺，說「謝謝」的飯上面所生的黴菌顏色都比較淺，白色黴菌較多；說「笨蛋」或是「不理它」的飯都會產生較多黑色的黴菌，產生的氣味相對來說也比較不好聞。

其中有一個較為特殊的情況；十三班「不理它」的那碗飯，放在「謝謝」和「笨蛋」中間。在實驗的第九天，飯好像被分成兩半的樣子，比較靠近謝謝的那一半，長出比較乾淨的白色黴菌；而靠近笨蛋的一半飯，長的則是深灰綠色的黴菌！到了第十二天，界線雖然不是那麼明顯，但是，依稀還是可以分辨得出。

大概是因為自己是新手的緣故，教學的過程中，總是會不自覺的因為學生不好的表現而生氣；也礙於學生人數太多，在給學生評語時，常常不能每個都寫得非常詳細，好好發掘他們的優點，並給予鼓勵。

經過這次實驗，我才發現自己給予學生的善意鼓勵真的是太少了！每天一句小聲的謝謝就能帶給米飯如此大的改變，如果一句誠心的鼓勵用之於學生身上，豈不影響更深遠？自此，我對小朋友說話的用詞變得更加小心，盡量用讚美和鼓勵來代替責罵，希望讓他們成長得更為健康，內心更加明亮。

實驗簡介

時間：二月十日至二十一日，共十二天

地點：高雄縣新甲國小

老師：鄭舒云

學生：二年十三班三十六人、十四班三十五人、十五班三十四人

材料：米飯

實驗過程

一、每班放三碗飯並在上面貼標籤：分別為「謝謝」、「笨蛋」，第三碗飯不貼字，也不理它。

二、實驗方法：每一位小朋友每天至少要對兩碗飯分別說「謝謝」、「笨蛋」一次，沒貼標籤的則不理它。

實驗結果（十二天後）

二年十三班——

「謝謝」組：三分之一的黴菌是綠的，中間還有白色和黃色的黴菌，有一種濕濕的樹林味道。

「笨蛋」組：有三分之一是黑色的黴菌，三分之二是綠、黃、白色的黴菌交雜。沒有什麼味道。

「不理它」組：一半黑綠色，一半灰白色的黴菌。沒什麼味道。

二年十四班——

「謝謝」組：飯的形狀很完整，但米飯本身已經有一點灰灰的，但上面的黴菌都是白色的，一點黑色黴菌都沒有。沒什麼味道。

「笨蛋」組：上面是橘色的黴菌，下面是黑色的黴

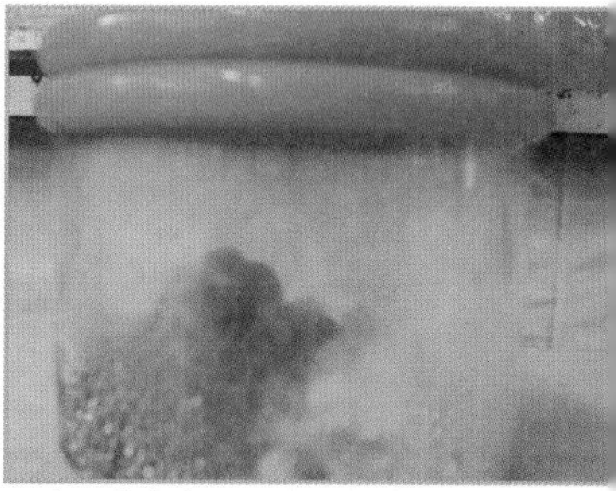

▲靠近「謝謝」那邊，黴菌比較乾淨喔！

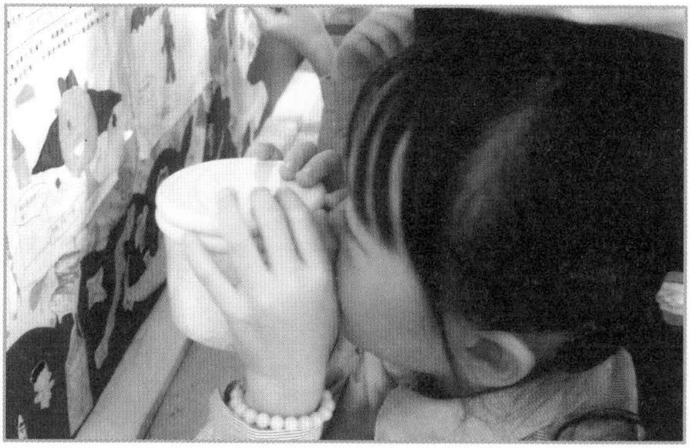

▲小朋友說：飯飯，謝謝你喔！

菌。聞起來有一種刺鼻的藥味，苦苦的。

「不理它」組：一半是黑的一半是白色的黴菌。有一點酸酸的龍眼味。

二年十五班——

「謝謝」組：表面整片都是灰綠色的黴菌，但切開一看，上半部分的飯都變黑了。有水氣的味道。

「笨蛋」組：整個都是黑的。有很重的霉味。

「不理它」組：上面佈滿黑點。有點香菇、菌類的味道。

結語

假如只是在短時間內想著一粒多汁的檸檬就能讓你分泌唾液，那麼當你成天想著不好的事，身體會發生什麼？

假如只是一句壞話、一個不好的念頭就能讓食物產生如此大的變化，那平常我們所說、所想那麼多不好的事，又會對我們產生多大的影響？

文字是紙上的語言，思想是無聲的語言，語言則是有聲的思想。這即是為什麼我一再強調大家要多說好話、要有好的念頭。特別是念頭要良善、要正面，因為，變好變壞就在你的一念之間。

高寶書版集團
gobooks.com.tw

HL 058
好事，總發生在自認好運的人身上：改變思想頻率，吸引到你所想要的
（原書名：所以，你也要發正念）

作　　者　何權峰
繪　　者　張敏貞
書系主編　蘇芳毓
美術編輯　宇宙小鹿
排　　版　趙小芳
企　　畫　陳宏瑄

發 行 人　朱凱蕾
出　　版　英屬維京群島商高寶國際有限公司台灣分公司
　　　　　Global Group Holdings, Ltd.
地　　址　台北市內湖區洲子街88號3樓
網　　址　gobooks.com.tw
電　　話　(02) 27992788
電　　郵　readers@gobooks.com.tw（讀者服務部）
　　　　　pr@gobooks.com.tw（公關諮詢部）
傳　　真　出版部 (02) 27990909　行銷部 (02) 27993088
郵政劃撥　19394552
戶　　名　英屬維京群島商高寶國際有限公司台灣分公司
發　　行　希代多媒體書版股份有限公司/Printed in Taiwan
初版日期：2015年5月

國家圖書館出版品預行編目(CIP)資料

好事，總發生在自認好運的人身上：改變思想頻率，吸引到你所想要的 / 何權峰著
-- 初版. -- 臺北市：高寶國際出版：
希代多媒體發行, 2015.05
面；　公分. -- (生活勵志；HL058)

ISBN 978-986-361-141-7(平裝)
1.修身　2.生活指導
192.1　　　　104004266